北京航空航天大学网络教育规划教材

西方经济学（宏观部分）

学习指导与习题集

主　编　宋晓东

北京航空航天大学出版社

内容简介

《西方经济学(宏观部分)学习指导与习题集》的指导思想在于提高读者的宏观经济思维能力,详细归纳宏观经济学需要掌握的知识点,并注重从练习题中提炼方法,重点培养读者利用经济学思维、经济学分析方法分析宏观经济问题的能力。

本书是与宋晓东老师主编的《西方经济学(宏观部分)》教材相配套的学习辅导用书,共10章,各章内容主要由提要和习题两大部分组成。提要部分为大家提炼出每章需掌握的基本概念和重要知识,便于读者快速掌握各章的主要知识;习题部分配置了与每章内容相对应的单选题、判断题、名词解释、填空题、计算题、简答题、阅读与思考等内容。

为了方便读者学习,本书针对各章有难度的习题进行了详细解答。通过本书的练习,读者可以更扎实地理解、掌握和运用宏观经济学的相关知识,提升对经济问题的分析能力。

本书适用于高等院校经济管理类本科生及有意愿学习宏观经济学的读者。

图书在版编目(CIP)数据

西方经济学(宏观部分)学习指导与习题集 / 宋晓东主编. -- 北京 :北京航空航天大学出版社,2015.1

ISBN 978-7-5124-1666-6

Ⅰ. ①西… Ⅱ. ①宋… Ⅲ. ①西方经济学-高等学校-习题集②宏观经济学-高等学校-习题集 Ⅳ. ①F091.3-44

中国版本图书馆 CIP 数据核字(2015)第 005012 号

西方经济学(宏观部分)学习指导与习题集

主　编　宋晓东

责任编辑　王　瑛　周华玲

*

北京航空航天大学出版社出版发行

北京市海淀区学院路 37 号(邮编 100191)　http://www.buaapress.com.cn

发行部电话:(010)82317024　传真:(010)82328026

读者信箱: goodtextbook@126.com　邮购电话:(010)82316936

北京时代华都印刷有限公司印装　各地书店经销

*

开本:787×1 092　1/16　印张:8.25　字数:211 千字

2015 年 1 月第 1 版　2015 年 1 月第 1 次印刷　印数:3 000 册

ISBN 978-7-5124-1666-6　定价: 19.00 元

若本书有倒页、脱页、缺页等印装质量问题,请与本社发行部联系调换。联系电话:(010)82317024

西方经济学(宏观部分)

学习指导与习题集

编委会

序

现代远程教育是运用计算机网络和多媒体技术、卫星和电子通信技术等现代信息技术进行系统教学和通信交互的一种新型教育形式。国务院在1999年1月13日批准的《面向21世纪教育振兴行动计划》中，明确提出了“实施‘现代远程教育工程’，形成开放式教育网络，构建终身学习体系”的任务。为了大力发展远程教育，1999年教育部先后批准了68所高等学校开展现代远程教育试点工作，到2013年，网络教育注册学生数高达900多万，试点高校开发的网络课程超过一万门，开发的网络课件超过了两万个。今天，网络教育已成为人们接受继续教育和终身学习的重要形式，成为构建终身教育体系和学习型社会的基础和平台。特别是试点高校通过网络技术将优质教育资源向西部纵深传播，有力地促进了全国高等教育的均衡发展，在逐渐形成自己独特的理论体系，成为我国高等教育重要组成部分的同时，实现了数万学生的大学梦，为我国高等教育大众化和全民终身教育做出了重要贡献。可以毫不夸张地说，网络教育已经成为中国在新世纪增强综合国力、实现高等教育跨越式发展的重要手段。

北京航空航天大学作为教育部正式批准开展现代远程教育试点工作的高校之一，于2002年成立现代远程教育学院。学院始终秉承“尚德务实、求真拓新”的优良传统，秉承“德才兼备、知行合一”的北航校训，坚持以区域行业建设需求为导向，利用现代信息技术，充分整合自身的教育资源，不断完善现代远程教育的开放教学体系，竭诚为渴望继续学习寻求知识的学子们提供突破时空限制的学习机会。经过十多年的发展，北京航空航天大学现代远程教育学院已经成为具有先进的办学理念、完善的教学管理平台、健全的学科专业体系、丰富的课件资源，并拥有一支高素质管理团队的特色鲜明的网络学院。

为了满足广大网络教育学生对学习资源的需求，保证网络教育学习资源的质量，北京航空航天大学现代远程教育学院组织了一批相关专业的教授、专家，与北京航空航天大学出版社合作，成立了专门的编审委员会，按照教育部关于网络教育要“积极发展，规范管理，强化服务，提高质量，改革创新”的指导方针，共同进行北京航空航天大学现代远程教育规划教材的创作、设计、出版工作。旨在积极发掘信息技术飞速发展时代远程教育学习者学习方式的新特点和新需求，以印刷版、光盘版和网络版立体化教材的范式探索、构建符合现代远程教育学习的优质资源。

出版现代远程教育系列教材,不仅是一项创新工程,也是进一步发展北京航空航天大学网络教育的基础工程。本系列教材的使用对象主要是现代远程教育本、专科学生。作为一套网络学历教育的系列教材,编写的总体原则是重视学生自学能力的培养,提高学生的实践应用能力。教材内容适应对成人高等教育应用型、技能型人才培养上的需要。教学设计适应地域多元、特征独特的远程教育学生自主学习的需要,培养适应学习型社会的终身学习者。另外,在组织相关专业领域专家、学者对远程教材进行一体化设计和开发中,强调发挥多种媒体教材各自独特的教学功能,实现优势互补,突出与远程教育教学环境、教学系统、教学平台相结合的特点,注重对学生学习过程、学习活动、教学交互、学习评价及其反馈的设计和实现,为广大学生提供远程教育优质教材资源。

最后,衷心祝愿我国的现代远程教育发展愈来愈好,为社会输送更多应用型、技能型人才。

限于网络教育的不断发展和编者的水平,书中难免有不足之处,诚恳希望广大读者与同行提出宝贵意见。

魏志敏

2014年5月16日

前　　言

本书是与宋晓东主编的《西方经济学(宏观部分)》教材配套的学习辅导用书,内容包括宏观经济学的基本理论、相应习题及其应用。全书将理论与实际相结合,方法与应用相连接,力求把习题的难易控制在适中程度,使其更适合普通高校本科教学的需要。

本书适用于高等院校经济管理类本科生及有意愿学习宏观经济学的读者。书中简要介绍了每章的基本内容,罗列了每章需掌握的基本概念,配置了与每章内容对应的单选题、判断题、名词解释、填空题、计算题、简答题、阅读与思考。为了方便读者学习,本书针对各章有难度的习题进行了详细解答。通过本书的练习,可以更扎实地掌握宏观经济学方面的知识。

本书有如下几大特点:

第一,引导性。本书在每章开始设立"提要",简单阐述本章的主要理论知识和基本概念,引领读者回顾知识要点,以快速进入答题状态。

第二,配套性。本书与宋晓东主编的《西方经济学(宏观部分)》教材配套使用,在国家教育部高等学校教学大纲的基础上,严格按照《西方经济学(宏观部分)》教材中的理论知识点编写习题,读者可通过本书有针对性地巩固理论知识。

第三,应用性。在章节末尾设立的"阅读与思考"均出自实际案例,力求使宏观经济学的基本理论与具体应用相结合,引导读者理论联系实际,培养分析能力和思辨能力,增强经济学思维。

全书由北京航空航天大学宋晓东担任主编,并负责审核、修改和定稿。感谢张兴、方妍、刘瑞琪、李佳鸿、王越、胡婷婷、王丹、曹宏鹏等为本书编写提供的帮助及宝贵意见;感谢北京航空航天大学出版社和编辑们的悉心工作。

在本书编撰过程中参考了大量国内外文献,这里谨向文献作者深表谢意!由于时间仓促,编者的水平和经验有限,书中难免有疏漏或者不足之处,恳请读者斧正。

编　者

2014年9月29日

目　录

第一章　导　论

提　要

1. 宏观一词来源于希腊文，表示“大”的意思。宏观经济通常是指一国的整体经济。

2. 宏观经济学是在总量水平上研究社会整体的经济行为。宏观经济学的研究对象，是一国的长期经济增长问题和短期经济周期波动中的失业和通货膨胀问题。它通过对一国经济系统的总产出量、价格水平和就业水平的研究，说明这些总量是如何决定和变动的；研究怎样使一国的总产出达到最大值，即潜在水平或充分就业水平；研究制约一国总产出量增长的主要因素、增长规律以及长期增长趋势中为什么会呈现出周期性波动；研究决定一般物价水平的因素，以及它在较长一段时期内发生通货膨胀或通货紧缩的原因；在开放经济条件下，还要研究怎样兼顾国内目标和改善国际收支目标；宏观经济学也研究政府的宏观经济政策以及相关的理论。

3. 总体而言，宏观经济学的研究方法是总量分析法。这种总量分析虽然要以个量分析为基础，而且和个量分析一样，也要与边际分析、均衡分析、静态分析、动态分析、比较静态分析及模型分析等方法结合起来，但其区别也是显而易见的。总量往往并不是个量的简单相加，对于单个经济单位是合理的东西，有时对于整个国民经济则不一定合理。

4. 现代宏观经济学产生于 20 世纪 30 年代，宏观经济学一词最早是由挪威经济学家弗里希(R. Frisch)在 1933 年提出来的。1936 年英国经济学家凯恩斯(J. Keynes)的《就业、利息和货币通论》一书的出版，将宏观经济学向前推进了很大一步，标志着现代宏观经济学作为一门独立的学科正式诞生。20 世纪 60 年代以来，出现了一系列不同于凯恩斯主义的宏观经济学理论学派和学说，对宏观经济学的发展和完善起到了非常重要的推动作用。鉴于凯恩斯对于宏观经济学这一学科的突出贡献，业界将宏观经济学的产生和发展，以凯恩斯学说为界，划分为三个阶段。

5. 现代宏观经济学研究的发展特点：第一，在对宏观总体进行研究的基础上，逐渐注重对微观基础的研究。第二，在运用总量分析方法的基础上，结构分析方法呈现出逐渐被加强的趋势。第三，制度因素作为影响宏观经济运行的重要变量越来越受到重视。第四，宏观经济学不同学派相互间呈现出明显的融合吸收特征。

习　题

一、单选题

1. 宏观经济的研究包括(　　)课题。

   A. 通货膨胀、失业和经济增长的根源

B. 经济总表现的微观基础

C. 为实现经济目标,可以制定经济政策以增加取得成功的可能性

D. 上述答案都正确

2. 宏观经济学包括(　　)。

A. 总产出是如何决定的

B. 什么决定就业和失业总量

C. 什么决定一个国家发展的速度

D. 以上说法全都正确

3. 下列关于宏观经济学的说法,正确的是(　　)。

A. 研究所有重要的社会问题

B. 研究经济学中所有与政治有关的方面

C. 寻求解释通货膨胀的原因

D. 研究价格决定的学说

4. 下列关于宏观经济学的说法,正确的是(　　)。

A. 探讨与失业有关的所有问题

B. 力求分析失业带来的社会影响

C. 涉及失业给家庭生活带来的问题

D. 探索失业率波动的原因

5. 下列关于宏观经济学的说法,正确的是(　　)。

A. 分析决定国民收入的因素

B. 研究为什么从事农业和渔业生产的人的工资要比工人的工资低

C. 解释发达国家和发展中国家间收入差距的原因

D. 分析征收环境污染税对社会环境的影响

6. 下列关于宏观经济学的说法,正确的是(　　)。

A. 解释为什么家庭消费者为他们的抵押品偿付的利率要高于政府所偿付的利率

B. 探讨利率平均水平波动的决定因素

C. 指出利息超过 15%是不公平的

D. 指出通货膨胀时借入者会剥削借出者,获得不公平的利息

7. 在宏观经济学创立过程中起到重要作用的一部著作是(　　)。

A. 亚当·斯密的《国富论》

B. 大卫·李嘉图的《赋税原理》

C. 马歇尔的《经济学原理》

D. 凯恩斯的《就业、利息和货币通论》

8. 宏观经济学与微观经济学的关系是(　　)。

A. 相互独立的

B. 两者是建立在共同的理论基础之上的

C. 两者在理论上既有联系,又有区别

D. 依据不同的宏观理论体系,两者的关系是截然不同的

9. 宏观经济学的主要任务是(　　)。
A. 寻找充分就业、平抑物价、经济增长和国际收支平衡的宏观经济政策
B. 寻找充分就业、平抑物价、均衡利率和均衡投资的宏观经济政策
C. 建立充分就业、平抑物价、经济增长和国际收支平衡的宏观经济理论
D. 建立充分就业、平抑物价、均衡利率和均衡投资的宏观经济理论

10. 表示一国居民在一定时期内生产的所有最终产品和劳务的市场价值的总量指标是(　　)。
A. 国民生产总值
B. 国内生产总值
C. 名义国内生产总值
D. 实际国内生产总值

二、判断题

1. 产出水平及其变化是宏观经济研究的主要问题。(　　)
2. 微观经济学中成立的命题完全可以推而广之在宏观经济学中成立。(　　)
3. 经济政策是指用以达到经济目标的方法。(　　)
4. 凯恩斯信奉的是经济自由主义思想。(　　)
5. 资源如何在不同的用途之间分配是宏观经济学的研究内容。(　　)
6. 宏观经济学解释了发达国家和发展中国家间收入差距的原因。(　　)
7. 宏观经济学和微观经济学的研究对象都是一国的国民经济,但研究角度不同。(　　)
8. 萨伊提出的“萨伊定律”为宏观经济学的确立与发展做出了重要贡献。(　　)

三、名词解释

1. 增长经济学
2. 发展经济学
3. 国际经济学

四、简答题

1. 凯恩斯怎样批判了新古典经济学?
2. 简述现代宏观经济学的发展特点。
3. 简述宏观经济学的研究内容。

习题答案

一、单选题

1～5:DDCDA　　　6～10:BDCCA

二、判断题

1. √
2. ×
3. √
4. ×
5. ×
6. ×
7. ×
8. ×

三、名词解释

1. 增长经济学:增长经济学是西方经济学的一个新分支,该学科产生于第二次世界大战以后,主要研究发达国家的再生产和长周期经济发展等相关问题,包括对发达国家经济均衡增长条件的研究、对经济增长影响因素的分解分析及对增长趋势的预测等。

2. 发展经济学:发展经济学是20世纪40年代后期在西方国家逐步形成的一门综合性经济学分支学科,为适应时代的需要而兴起,在经济学的体系中逐渐形成的一门新兴学科,是主要研究贫困落后的农业国家或发展中国家如何实现工业化、摆脱贫困、走向富裕的经济学。相对于增长经济学而言,它更侧重于从发展中国家经济落后的各种因素来分析走向经济快速发展的道路、战略和政策,比较注重国际比较研究和对非经济因素的研究。

3. 国际经济学:国际经济学是宏观经济学中关于开放经济分析的一种展开和延伸,它以经济学的一般理论为基础,研究国际经济活动和国际经济关系,是一般经济理论在国际经济活动范围中的应用与拓展,是经济学体系的有机组成部分。国际经济学的主要研究对象有国际贸易理论与政策、国际收支理论、汇率理论、要素的国际流动、国际投资理论、开放的宏观经济均衡等。

四、简答题

1. 首先,指出真实工资不等于现行行业就业量的边际负效用,因为在货币工资没有变动,真实工资随物价上涨而下降时,工人仍然愿意受雇而不退出劳动市场,这说明真实工资大于现行就业量的边际效用。其次,传统理论认为现实经济活动中的失业只有两种,即摩擦失业和自愿失业;凯恩斯提出了另一种失业,即不自愿失业,就是实现了充分就业。最后,凯恩斯否认了萨伊定律,认为这是把物物交换的规则,或者把支配鲁宾逊经济的规则简单地搬到现代经济生活中。他认为储蓄与投资是不同人分别做出的不同决策,不能简单、自动地连在一起,更不可能永远相等,所以萨伊定律不能成立。因此,凯恩斯指出,在这种情况下,就可能由于社会的有效需求或总需求不足而出现不自愿失业,实现的均衡也不可能是充分就业的均衡,经常状态是小于充分就业的均衡,资本主义经济不可避免地要出现经济危机和失业。

2. 现代宏观经济学研究的发展特点:第一,在对宏观总体进行研究的基础上,逐渐注重对微观基础的研究。第二,在运用总量分析方法的基础上,结构分析方法呈现出逐渐被加强的趋势。第三,制度因素作为影响宏观经济运行的重要变量越来越受到重视。第四,宏观经济学不同学派相互间呈现出明显的融合吸收特征。

3. 由于宏观经济学的研究对象是整个国民经济，因此，宏观经济学的研究内容也必然是与国民经济运行相关联的各种经济变量，诸如总产出、总支出、总收入、总储蓄、总投资及总消费等。这些变量都具有前面提到的“总量”特点。其中，作为核心的变量是国民生产总值，其他变量要么是用来说明国民生产总值是如何决定和影响的，要么是由国民生产总值影响和决定的，国民生产总值在宏观经济学的研究内容中处于核心、枢纽地位。因此，通常的宏观经济分析从国民生产总值的研究开始。此外，与上述总量及其变动相联系的其他经济问题包括经济周期、经济增长、失业、通货膨胀等，这些也是宏观经济学的重要研究内容。与此同时，一国经济的运行还受到政府经济行为以及外国经济的影响，所以在宏观经济学中，也要研究政府的宏观经济政策及影响，包括财政收支状况、货币当局发行的货币数量和货币政策等；国际收支和汇率决定作为外国经济影响的关键课题，也同样属于宏观经济学研究内容的范畴。

第二章 国民收入核算

提 要

1. 国民经济核算是以整个国民经济为总体的全面核算，它以一定的经济理论为指导，综合应用统计核算、会计核算和业务核算，从实物资产、金融资产、物质产品和劳务等各个角度，以各种流量和存量的形式，对能反映整个国民经济状况的各种重要指标及其组成成分做系统的测定，并把各种指标组成一个系统来综合描述一国或一地区国民经济的联系和结构的全貌。国民经济核算的工具是国民经济核算体系（System of National Accounting，SNA）。国民经济核算体系是指在一定经济理论的指导下，综合应用统计、会计、数学等方法，为测定一个国家（地区、部门）在特定时期内的经济活动（流量）和特定时点上的经济成果（存量）所构成的一个相互联系的系统。其各项总量指标及其组成，是进行经济分析、经济预测和决策研究的重要依据。

2. 在一定时期内生产的，并由其最后使用者购买的产品和劳务就称为最终产品；而中间产品是指用于再出售而供生产别种产品用的产品。一件最终产品在整个生产过程中的价值增值，就等于该最终产品的价值。一个国家在一定时期内（通常指一年）生产千千万万种最终产品。按照西方经济学的说法，这些最终产品的价值总和就等于生产这些最终产品的各行各业新创造的价值的总和。这被认为是该国在该时期内真正生产的价值，称为国内生产总值（Gross Domestic Product，GDP）。因此，在西方经济学中，国内生产总值是指经济社会（即一国或一地区）在一定时期内运用生产要素所生产的全部最终产品（物品和劳务）的市场价值。

3. 在理解 GDP 时，应该注意把握以下几点：第一，国内生产总值是一个市场价值的概念，它是按市场价格来进行计算的。换言之，GDP 的计量单位是货币单位。产品的市场价值就是用这些最终产品的产量乘以单位价格获得的。第二，“最终产品”说明国内生产总值测度的是最终产品和劳务的价值，中间产品价值不应该计入国内生产总值，因为它会造成重复计算。第三，“所生产的”说明计入国内生产总值的应该是在一定时期内所生产的最终产品价值，与实际销量无关。第四，“在本国领土上”蕴含着地域原则。国内生产总值指的是一国在本国领土内所生产的产品与服务，既包括本国企业所生产的产品与服务，又包括外国企业或合资企业在本国生产的产品和服务，但是在其他经济社会所生产的最终产品不应计入本经济社会的国内生产总值。第五，“一定时期”说明计入国内生产总值的是核算期内（往往是一年）所生产的产品和服务，不包括以前生产和当前仍在使用的产品。第六，GDP 是流量概念，而非存量概念。

4. 核算 GDP 的方法有多种：最终产品价值等于整个生产过程中价值增加之和，因此，GDP 可以通过核算各行各业在一定时期中生产的价值增值来求得，这种方法称为生产法；同时，我们知道总产出等于总支出，因此可以通过核算整个社会在一定时期内购买最终产品的支出总和来核算 GDP，这种方法称为支出法；同样，我们也可以通过核算整个社会在一定时期内获得的收入来核算 GDP，这种方法称为收入法。

5. 用支出法核算 GDP，就是通过核算一定时期内整个社会购买最终产品和服务的支出总和来核算 GDP。一般而言，社会最终产品和服务的购买者有 4 类：国内的居民户、企业、政府以及国外的经济主体。因此，用支出法核算 GDP，就是核算经济社会在一定时期内居民户消费、国内私人总投资、政府购买以及净出口这几方面的支出的总和。其中，消费支出（consumption，用 C 表示），即居民个人消费支出，指的是本国居民对最终产品和服务的购买支出。投资支出（investment，用 I 表示）是指增加或替换资本资产（包括厂房和住宅建筑、机器设备以及存货）的支出，即购买实物资本用于扩大再生产（而不是金融投资）的支出。投资可以分为固定资产投资和存货投资两大类。固定资产投资指在可以长期使用的资本品上的投资，存货投资则是一种暂时性的投资。政府购买（government purchase，用 G 表示）是指各级政府购买产品和服务的支出。产品和服务的净出口（net export，用 NX 表示）就是出口总额减去进口总额以后的差额。即 $\mathrm{NX}=X-M$。在一定时期内，本国生产并卖给国外的产品的价值，加上本国向外国提供的劳务的收入，再加上本国在国外投资和贷款获得的股息和利息等收入，构成本国的出口总额（export，用 E 表示）；本国购买的外国生产的产品的价值，加上本国支付给外国提供的劳务的报酬以及向外国投资者支付的股息和利息，构成本国的进口总额（import，用 M 表示）。把上述四个项目加总，就得到用支出法核算 GDP 的公式：$\mathrm{GDP}=C+I+G+(X-M)$。

6. 用收入法核算 GDP，就是通过把参加生产过程中的所有生产要素的所有者的收入相加，来获得国内生产总值的一种方法。按收入法计算的各项要素收入的内容如下：雇员报酬、租金和利息等生产要素的报酬。雇员报酬包括所有对雇员支付的薪酬、津贴和福利费等，也包括雇员需要缴纳的所得税和社会保险税等。租金包括出租土地、房屋等的租赁收入以及专利、版权的收入。因为此处考察的是企业的成本，因此利息是指人们给企业提供货币资金所获得的利息收入，政府公债利息以及消费信贷利息应排除在计算范围之外。

7. 在国民经济核算体系中，除了国内生产总值外，还有几个与之相关联的指标，如国民生产总值、国内生产净值、国民收入、个人收入以及个人可支配收入。国民生产总值（GNP）是和国内生产总值（GDP）相同但又有区别的经济范畴。国民生产总值是指一个国家所拥有的生产要素在一定时期内所生产的所有最终产品和所提供服务的价值总和。国民生产总值是按国民原则计算的。国民原则是指，凡是本国公民（指常住居民）所创造的收入，不管是否在国内，都计入国民生产总值。国内生产总值和国民生产总值之间的关系为：GNP＝GDP＋本国国民在国外取得的要素收入－外国人在本国取得的要素收入。国内生产净值（NDP）是指一个国家一年内新增加的产值，即在国内生产总值中扣除折旧之后的产值。国内生产净值与国内生产总值之间的关系为：NDP＝GDP－折旧。国民收入（NI）这一概念有广义和狭义两种用法。广义上，国民收入指本章的一切概念，包括国内生产总值、国内生产净值等。而在狭义上，国民收入指一国生产要素在一定时期内提供生产性服务所得报酬，即工资、利息、租金和利润的总和。在这里我们所要介绍的国民收入是狭义的国民收入概念。国内生产净值与国民收入之间的关系为：NI＝NDP－间接税－企业转移支付＋政府补助金。个人收入（PI）指的是个人实际得到的收入。个人收入和国民收入之间的关系为：PI＝NI－公司所得税－公司未分配利润＋政府给个人的转移支付。个人可支配收入（DPI）是从个人收入中派生出来的一项指标。它是指一个国家一年内个人可以支配的全部收入，即个人可以直接支配、用于消费或者储蓄的收入。个人可支配收入与个人收入之间的关系为：DPI＝PI－个人收入所得税。

8. 国民收入中有一个基本公式，即储蓄－投资恒等式。在两部门经济中，经济是封闭型的,不存在对外贸易,即没有国外经济体;政府和经济活动没有关系,即不存在各种税收;暂时不考虑折旧和企业未分配利润。这样,国内生产总值就等于国内生产净值和国民收入,都用 Y 表示。在两部门经济中,没有税收、政府购买以及进出口贸易,国民收入的构成情况将是这样的:从支出的角度看,由于把企业库存的变动作为存货投资,因此,国内生产总值等于消费加投资,即 $Y=C+I$。从收入的角度看,国内生产总值就等于总收入,总收入一部分用于消费,一部分用于储蓄(用 S 表示),即 $Y=C+S$。我们可以得到 $C+I=Y=C+S$,于是:$I=S$,这就是储蓄—投资恒等式。需要注意的是,储蓄—投资恒等式是根据储蓄和投资的定义得出的。

9. 三部门经济是指在居民户和企业以外加上政府部门的经济活动。政府的经济活动包括两个方面的内容,一是政府向居民和企业征税,获得政府收入;二是政府对最终产品和服务的购买,形成政府支出,以及政府的转移支付。从支出的角度看,国内生产总值等于消费、投资和政府购买的总和,可用公式表示为:$Y=C+I+G$。从收入角度看,此时总收入的用途,除了消费和储蓄外,还需要向政府缴纳税收。T 表示政府的净收入,这样,从收入角度来看,国民收入的构成就是 $Y=C+S+T$。我们可以得到:$C+I+G=Y=C+S+T$,于是,$I+G=S+T$,转换可得:$I=S+(T-G)$。这里,$(T-G)$ 可以看作政府储蓄,因为 T 表示政府净收入,G 表示政府购买性支出,二者的差额就是政府储蓄。于是公式 $I=S+(T-G)$ 的含义就是该经济社会的国民储蓄(私人储蓄和政府储蓄之和)等于投资。

10. 在四部门经济中,由于有了对外贸易,从支出的角度看,国民收入就等于消费、投资、政府购买和净出口的总和,即 $Y=C+I+G+\mathrm{NX}$。从收入的角度看,如果把 K_r 定义为本国居民对外国人的转移支付(如对国外的慈善捐款),那么国民收入的构成就可以表示为 $Y=C+S+T+K_r$。通过以上分析,我们可以得到 $C+I+G+\mathrm{NX}=Y=C+S+T+K_r$,于是 $I+G+\mathrm{NX}=S+T+K_r$,转换可得:$I=S+(T-G)+(K_r-\mathrm{NX})$。从本国的立场来看,NX 代表净出口,代表其他国家与本国进行贸易的净支出,K_r 代表其他国家从本国获得的收入,因此 $(K_r-\mathrm{NX})$ 表示外国对本国的储蓄。这样,公式 $I=S+(T-G)+(K_r-\mathrm{NX})$ 就表示四部门经济中总储蓄(私人储蓄、政府储蓄和国外经济体储蓄之和)等于投资。

11. 名义 GDP 使用生产物品和劳务的当年价格计算的全部最终产品和服务的市场价值,实际 GDP 使用从前某一年作为基期价格计算出来的全部最终产品的市场价值。GDP 折算指数是指名义 GDP 和实际 GDP 的比率。如果知道了 GDP 折算指数,我们就可以在名义 GDP 与实际 GDP 之间进行转换,其公式为:实际 GDP=名义 GDP÷GDP 折算指数。

习 题

一、单选题

1. 下列产品中不属于中间产品的是(　　)。

A. 某造船厂购进的钢材

B. 某造船厂购进的厂房

C. 某面包店购进的面粉

D. 某服装厂购进的棉布

2. 下列各项不属于总投资的是(　　)。

A. 商业建筑物和居民住宅
B. 购买耐用品的支出
C. 商业存货的增加
D. 购买设备的支出
3. 表示一国居民在一个特定时期内生产的所有最终商品的货币价值总和成为(　　)。
A. 国民生产总值
B. 国内生产总值
C. 国内生产净值
D. 实际国内生产总值
4. 下列不属于转移支付的是(　　)。
A. 退伍军人津贴
B. 失业救济金
C. 贫困家庭补贴
D. 以上答案都不对
5. 用收入法核算 GDP 时,不应计入的是(　　)。
A. 工资
B. 投资
C. 地租
D. 业主收入
6. 下列项目中,不属于要素收入的是(　　)。
A. 股息
B. 雇员津贴
C. 消费信贷利息
D. 专利收入
7. 如果一国在某一时期,来自国外的要素收入小于向国外的要素支付,则(　　)。
A. GDP＞GNP
B. GDP＜GNP
C. GNP＝NI
D. GNP＝GDP
8. 社会保险税增加,将会对(　　)产生影响。
A. GDP
B. GNP
C. NI
D. PI
9. 宏观经济学的中心理论是(　　)。
A. 价格决定理论
B. 工资决定理论
C. 国民收入决定理论
D. 汇率决定理论

10. 一国在一定时期内生产的所有最终产品和劳务的市场价值,根据价格变化调整后的数值被称为(　　)。

A. 国民生产总值

B. 实际国内生产总值

C. 名义国内生产总值

D. 潜在国内生产总值

11. 国民收入核算中,最重要的核算是(　　)。

A. 国民收入

B. 国内生产总值

C. 国民生产净值

D. 个人可支配收入

12. 国内生产总值与国内生产净值之间的差是(　　)。

A. 间接税

B. 直接税

C. 折旧

D. 公司未分配利润

13. 向政府雇员支付的报酬属于(　　)。

A. 政府购买支出

B. 转移支付

C. 税收

D. 消费

14. 国内生产总值是(　　)的市场价值。

A. 一年内一个经济中的所有交易

B. 一年内一个经济中交换的所有商品和劳务

C. 一年内一个经济中交换的所有最终商品和劳务

D. 一年内一个经济中生产的所有最终商品和劳务

15. 如果钢铁、油漆、绝缘材料以及所有用来制造一个电烤炉的原料价值在计算国内生产总值时都包括进去了,那么这种衡量方法(　　)。

A. 因各种原料都进入市场交易,所以是正确的

B. 因为重复记账导致过高衡量

C. 因为重复记账导致过低衡量

D. 由于各种原料起初都是生产者存货的一部分故没有影响

16. 下列项目应该计入国内生产总值的是(　　)。

A. 购买一辆用过的卡车

B. 购买普通股股票

C. 政府转移支付

D. 购买一幢当年建设的房屋

17. 今年的名义国内生产总值增加了,表明(　　)。

A. 今年的物价上涨了

B. 今年的物价和产出都增加了
C. 今年的产出增加了
D. 不能确定

18. 实际国内生产总值等于(　　)。
A. GDP 折算指数除以名义国内生产总值
B. 名义国内生产总值除以 GDP 折算指数
C. 名义国内生产总值乘以 GDP 折算指数
D. GDP 折算指数乘以潜在国内生产总值

19. 下列各项中(　　)属于流量。
A. 国内生产总值
B. 国民债务
C. 现有住房数量
D. 失业人数

20. 净税收是指税收与(　　)之差。
A. 政府转移支付
B. 家庭储蓄
C. 国内总投资
D. 政府支出

21. 国内生产总值(　　)国民生产总值。
A. 大于
B. 小于
C. 等于
D. 以上都有可能

22. 下列各项中(　　)不属于经济学意义上的投资。
A. 某企业增加一批积压商品
B. 某家庭新建一幢别墅
C. 政府新建一条铁路
D. 某企业新建一幢厂房

23. 增加一笔进口将使国内生产总值(　　)。
A. 增加
B. 减少
C. 不变
D. 以上均有可能

24. 下列项目中不属于政府购买的是(　　)。
A. 政府办一所学校
B. 政府修建三峡大坝
C. 政府向公务员发放工资
D. 政府向失业者发放救济金

25. 不属于国民收入但属于个人收入的是(　　)。
A. 租金
B. 红利
C. 养老金
D. 存款利息

26. 安某买了一辆旧车,盖了一栋新房,还购买了一些政府债券,反映在账户上,下列叙述正确的是(　　)。
A. 他买了一辆旧车,还买了一些政府债券,因此 C 和 G 增加了
B. 他买了一辆旧车,还买了一些政府债券,因此 C 和 I 增加了
C. 他买了一辆旧车,盖了一栋新房,因此 C 和 I 增加了
D. 他盖了一栋新房,因此 I 增加了

27. 某期实际国内生产总值相对于上期变化的原因是(　　)。
A. 产出水平的变化
B. 价格水平的变化
C. 产出水平或价格水平的变化
D. 产出水平和价格水平的变化

28. 下列属于经济学意义上的投资的是(　　)。
A. 某企业增加一批积压商品
B. 政府构建一条铁路
C. 某人买进一批股票
D. 某人高价买入一张清代邮票

29. 如果今年的实际国民收入为 100 亿美元,名义国民收入为 120 亿美元,则 GDP 折算指数为(　　)。
A. 120%
B. 20%
C. 83.3%
D. 无法计算

30. 某国的资本存量在年初为 5 000 亿美元,该国本年度生产了 500 亿美元的资本品,磨损和报废了 300 亿美元的资本品。该国本年度的总投资和净投资分别为(　　)。
A. 5 800 亿美元和 800 亿美元
B. 5 500 亿美元和 5 200 亿美元
C. 500 亿美元和 200 亿美元
D. 500 亿美元和 300 亿美元

二、判断题

1. 总投资增加,资本存量就增加。　　(　　)
2. 运用收入法计算 GDP 时,公债利息不应计入利息收入中。　　(　　)
3. 投资—储蓄恒等式意味着人们事前计划的储蓄等于企业事前计划的投资。　　(　　)
4. 2014 年某国的名义 GDP 大于实际 GDP,这意味着在 2014 年该国的一般价格水平与

基期比上升了。（　　）

5. 一国国内生产总值高于另一国的国内生产总值时，并不一定意味着前者的福利水平高于后者。（　　）

6. 收入支出循环流程模型表明经济社会的总收入、总支出和总产出是相等的。（　　）

7. 存量是指一定时点上存在的变量的数值；流量是指一定时期发生的变化的变量的数值。（　　）

8. GDP 被定义为经济社会在一定时期内运用生产要素所生产的全部产品的市场价值。（　　）

9. 一个在日本工作的美国公民的收入是美国 GDP 的一部分，也是日本 GNP 的一部分。（　　）

10. GDP 中扣除资本折旧，就可以得到 NDP。（　　）

11. 个人可支配收入就是人们可以用来消费或储蓄的收入。（　　）

12. 三部门经济的投资—储蓄恒等式为：$I=S+(T-G)$。（　　）

13. GDP 折算指数是实际 GDP 与名义 GDP 的比率。（　　）

14. 政府转移支付应计入国内生产总值中。（　　）

15. 若某企业某年生产了 50 万元的产品，销售掉了 40 万元，则当年该企业所创造的 GDP 为 40 万元。（　　）

16. 2014 年，某人购买了一辆产于 2009 年的小轿车，该人为此付出的 10 万元购车费应计入 2014 年的 GDP 中。（　　）

17. 只有经济处于充分就业时，$I=S$ 恒等式才成立。（　　）

18. 用收入法核算国内生产总值时，资本折旧应计入 GDP 中。（　　）

19. 可以说 GDP 与 GNP 是始终相等的两个量。（　　）

20. 国民收入核算体系将 GDP 作为核算国民经济活动的核心指标。（　　）

三、名词解释

1. 国内生产总值
2. 消费
3. 投资
4. 政府购买
5. 国民生产总值
6. 国内生产净值
7. 国民收入
8. 个人收入
9. 名义 GDP
10. 实际 GDP

四、填空题

1. 中间产品是指用于________而供生产别种产品用的产品。

2. 国内生产总值是指经济社会在一定时期内运用________所生产的全部________的市

场价值的总和。

3. 在一个经济体中,总收入________总支出(大于、等于、小于)。

4. 国内生产总值是一个________概念(存量、流量)。

5. 核算 GDP 的方法有:________、________、________。

6. 净出口是指________与________之差。

7. 在四部门经济中,GDP 按支出法核算是________、________、________、________的总和。

8. 投资支出是指增加或替换________的支出,可以分为________投资和________投资两类。

9. 如果一个美国公民被一家在巴西经营的美国公司雇佣,那么他的收入是________ GDP 的一部分,是________ GNP 的一部分。

10. 实际 GDP 是指按________价格计算出来的全部最终产品的市场价值。

11. 投资—储蓄恒等式在两部门经济中的表达形式为________;在三部门经济中的表达形式为________。

12. 总投资为________和________之和。

13. 国民生产总值为国内生产总值加上________再减去________。

14. 假设一个经济体第一年的当期产出为 500 亿元,第二年的 GDP 折算指数提高了一倍,而实际产出增加了 50%,那么第二年的名义产出为________亿元。

15. 如果个人收入为 5 700 元,个人所得税为 350 元,消费等于 4 300 元,个人储蓄为 1 050 元,则个人可支配收入为________元。

16. GDP 蕴含着地域原则,而 GNP 则采用的是________。

17. 在产量一定的情况下,如果当期价格低于基期价格,那么实际 GDP ________名义 GDP(大于、小于、等于)。

18. 国内生产净值是指一个国家一年内________的产值。

19. 社会保障支付属于________。

20. 如果甲乙两国合并成一个国家,合并后的 GDP ________原来两国 GDP 之和(大于,等于,小于)。

五、计算题

1. 假设一国有下列国民收入统计表:

单位:亿美元

项　目	金　额
国内生产总值	4 800
总投资	800
净投资	300
消费	3 000
政府购买	960
政府预算盈余	30

试计算:

(1) 国内生产净值；(2) 净出口；(3) 政府税收减去转移支付后的收入；(4) 个人可支配收入；(5) 个人储蓄。

2. 某经济实体国民收入统计资料显示(单位：亿美元)净出口＝150、净投资＝1 250、消费＝1 600、资本折旧＝500、政府税收＝1 000、企业间接税＝750、政府支出＝2 000、社会保障基金＝1 500、个人消费＝5 000，公司未分配利润＝1 000、公司所得税＝500、个人所得税＝800。

计算：GDP、NDP、NI、PI、DPI。

3. 下表给出了某国某年的有关统计资料：

单位：亿美元

项 目	金 额	项 目	金 额
工资	100	所得税	30
利息	10	消费支出	90
租金	30	投资支出	60
政府购买	30	利润	20
进口额	70	出口额	60
政府转移支付	5	企业间接税	10

要求：(1)按收入法计算 GDP；

(2)按支出法计算 GDP。

4. 一个棉农一年生产 1 000 元的籽棉(假定其生产籽棉的中间成本为 0)，经过若干生产过程后，最后服装成品的售卖价值为 6 000 元。根据下表的数据分别计算各环节的增加值，并用增值法计算 GDP。

单位：元

生产者	产 品	总产出
棉农	籽棉	1 000
扎花厂	棉花	1 400
纺纱厂	棉纱	2 000
织布厂	棉布	2 800
印染厂	花布	3 800
服装厂	服装	5 000
销售商	销售	6 000

5. 某一经济社会生产五种产品，它们在 2010 年和 2014 年的产量、价格如下：

产 品	2010 年产量/个	2010 年单价/元	2014 年产量/个	2014 年单价/元
A	25	1.50	30	1.68
B	50	7.50	60	8.35
C	40	6.00	50	7.20
D	30	5.00	35	5.50
E	60	2.00	70	2.50

求:(1) 2010 年和 2014 年的名义 GDP;

(2) 以 2010 年为基期,2014 年的实际 GDP;

(3) 计算 2014 年的 GDP 折算指数,2014 年价格比 2010 年价格上涨了多少?

六、简答题

1. 什么是国内生产总值,在理解国内生产总值时应该注意什么?

为什么人们从公司债券中得到的利息应计入 GDP,而从政府公债中得到的利息不计入 GDP?

2. 为什么人们购买债券和股票从个人来说是投资,而从经济学来讲则不算是投资?

七、阅读与思考

阅读以下材料,联系实际情况,运用所学理论进行评析。

国际货币基金组织按汇率法计算出了 179 个国家和地区 2005 年国内生产总值和人均 GDP 的统计数据。数据显示,2005 年 GDP 位居前十位的国家分别是美国、日本、德国、中国、英国、法国、意大利、西班牙、加拿大和巴西。数据同时显示,2005 年世界 179 个国家排名,中国人均 GDP 为 1 352 美元,位居世界第 112 位,仍属于中下收入国家行列。尽管与世界发达国家相比,这一数字还相当小,但中国人均 GDP 突破一千美元,表明中国跨过了一个"门槛"。中国香港位居世界第 23 位;中国台湾位居世界第 36 位。从上述数字看出,在 2005 年我国的 GDP 总量已超过了 10 万亿人民币,我国的经济增长速度是 9.2%,这是非常了不起的成绩,尤其是在各国经济衰退的宏观形势下。但是我们和发达国家相比差距还是很大的,从 GDP 的总量来看,如果我们把这 10 多万亿人民币比作一个蛋糕,那么美国就是 6 个蛋糕,从人均 GDP 来看差距就更大了,美国 6 个蛋糕分给 3 亿人,我们 1 个蛋糕分给 13 亿人,美国的人均 GDP 高出我们 35 倍之多。中外很多经济学家估计,照这样的速度增长,我国 GDP 总量有望在 2015 年赶上美国,但人均量想要赶上美国还任重道远。

思考题:

1. 我国与发达国家在 GDP 上的差距说明了什么?
2. 怎样才能增加我国的 GDP 总量和人均 GDP 量?

习题答案

一、单选题

1~5:BAADB　5~10:CADCC　11~15:BCADB　16~20:DDBAA
21~25:DCBDC　26~30:DAAAC

二、判断题

1. ×
2. √
3. ×

4. √
5. √
6. √
7. √
8. ×
9. ×
10. √
11. √
12. √
13. ×
14. ×
15. ×
16. ×
17. ×
18. √
19. ×
20. √

三、名词解释

1. 国内生产总值:是指经济社会(即一国或一地区)在一定时期内运用生产要素所生产的全部最终产品(物品和劳务)的市场价值。

2. 消费:消费支出即居民个人消费支出,指的是本国居民对最终产品和服务的购买支出。

3. 投资:投资支出是指增加或替换资本资产(包括厂房和住宅建筑、机器设备以及存货)的支出,即购买实物资本用于扩大再生产(而不是金融投资)的支出。

4. 政府购买:是指各级政府购买产品和服务的支出。

5. 国民生产总值:是指一个国家所拥有的生产要素在一定时期内所生产的所有最终产品和所提供服务的价值总和。

6. 国内生产净值:是指一个国家一年内新增加的产值,即在国内生产总值中扣除折旧之后的产值。

7. 国民收入:指一国生产要素在一定时期内提供生产性服务所得报酬,即工资、利息、租金和利润的总和。

8. 个人收入:指的是个人实际得到的收入。国民收入并不完全等于个人在一定时期内实际得到的收入。从国民收入中减去公司未分配利润、公司所得税及社会保险税,加上政府给个人的转移支付,大体上就可得出个人收入。

9. 名义 GDP:是使用生产物品和劳务的当年价格计算的全部最终产品和服务的市场价值。

10. 实际 GDP:是使用从前某一年作为基期价格计算出来的全部最终产品的市场价值。

四、填空题

1. 再出售
2. 生产要素　最终产品
3. 等于
4. 流量
5. 生产法　支出法　收入法
6. 出口　进口
7. 消费　投资　政府购买　净出口
8. 资本资产　固定资产　存货
9. 巴西　美国
10. 基期
11. $I=S$　$I=S+(T-G)$
12. 净投资　重置投资
13. 本国国民在国外取得的要素收入　外国人在本国取得的要素收入
14. 1 500
15. 5 350
16. 国民原则
17. 大于
18. 新增加
19. 政府转移支付
20. 等于

五、计算题

1. (1) 国内生产净值＝国内生产总值－折旧,折旧＝总投资－净投资,即,折旧＝800－300＝500(亿美元)。所以,国内生产净值＝4 800－500＝4 300(亿美元)。

(2) 由 GDP＝$C+I+G+$NX 可得 NX＝GDP－$C-I-G$,将表中数据代入可以得到:NX＝4 800－3 000－800－960＝40(亿美元)。

(3) 如果用 BS 代表政府预算盈余,T 代表净税收,即政府税收减去政府转移支付后的收入,则 BS＝$T-G$,所以 T＝BS＋G＝30＋960＝990(亿美元)。

(4) 个人可支配收入＝个人收入－个人所得税。

在本题中,由于没有说明间接税、公司利润、社会保险税等因素,我们可以从国内生产净值中直接得到个人可支配收入,即 Y＝NDP－T＝4 300－990＝3 310(亿美元)。

(5) 个人储蓄＝个人可支配收入－消费,即 $S=Y-C$＝3 310－3 000＝310(亿美元)。

GDP＝消费＋投资＋政府购买＋净出口,其中,投资＝净投资＋折旧。

2. 代入题中数据可以得到:

GDP＝1 600＋1 250＋500＋2 000＋150＝5 500(亿美元);

NDP＝GDP－资本折旧＝5 500－500＝5 000(亿美元);

NI＝NDP－间接税＝5 000－750＝4 250(亿美元);

PI＝NI－公司未分配利润－公司所得税－社会保险基金＝

4 250－1 000－500－1 500＝1 250(亿美元)；

DPI＝PI－个人所得税＝1 250－800＝450(亿美元)。

3. (1) 按收入法计算 GDP,GDP＝工资＋利息＋租金＋利润＋企业间接税,代入表中数据可以得到:GDP＝100＋10＋30＋20＋10＝170(亿美元)。

(注:该题中的所得税包括个人所得税和企业所得税,题中所给的工资、利息、租金以及利润都是扣除所得税之前的数额,因此按收入法计算 GDP 时,不再加入所得税,以免重复计算。)

(2) 按支出法计算 GDP,GDP＝消费＋投资＋政府购买＋净出口(出口－进口),代入表中数据可以得到:GDP＝90＋60＋30＋(60－70)＝170(亿美元)。

4. 由表中数据可以得到各环节的增加值:

棉农创造的增加值为:1 000－0＝1 000(元)；

扎花厂创造的增加值为:1 400－1 000＝400(元)；

纺纱厂创造的增加值为:2 000－1 400＝600(元)；

织布厂创造的增加值为:2 800－2 000＝800(元)；

印染厂创造的增加值为:3 800－2 800＝1 000(元)；

服装厂创造的增加值为:5 000－3 800＝1 200(元)；

销售商创造的增加值为:6 000－5 000＝1 000(元)。

因此,按照增值法可以得到:GDP＝1 000＋400＋600＋800＋1 000＋1 200＋1 000＝6 000(元)。

5. (1) 2010 年的名义 GDP 为:

$$1.5\times 25+7.5\times 50+6\times 40+5\times 30+2\times 60=$$
$$37.5+375+240+150+120=$$
$$922.5(元)$$

2014 年的名义 GDP 为:

$$1.68\times 30+8.35\times 60+7.2\times 50+5.5\times 35+2.5\times 70=$$
$$50.4+501+360+192.5+175=$$
$$1278.9(元)$$

(2) 以 2010 年为基期,2014 年的实际 GDP 为:

$$1.5\times 30+7.5\times 60+6\times 50+5\times 35+2\times 70=$$
$$45+450+300+175+140=$$
$$1110(元)$$

(3) 2014 年的 GDP 折算指数:

$$\text{GDP 折算指数}=\frac{\text{名义 GDP}}{\text{实际 GDP}}=\frac{1\ 278.9}{1\ 110}\times 100\%\approx 115\%$$

因此,2014 年价格比 2010 年价格上涨了 15%。

六、简答题

1. 国内生产总值是指经济社会(即一国或一地区)在一定时期内运用生产要素所生产的全部最终产品(物品和劳务)的市场价值。在理解 GDP 时,应该注意把握以下几点:第一,国内生产总值是一个市场价值的概念,它是按市场价格来进行计算的。换言之,GDP 的计量单位是货币单位。产品的市场价值就是用这些最终产品的产量乘以单位价格获得的。第二,"最终产品"说明国内生产总值测度的是最终产品和劳务的价值,中间产品价值不应该计入国内生产总值,因为它会造成重复计算。第三,"所生产的"说明计入国内生产总值的应该是在一定时期内所生产的最终产品价值,与实际销量无关。第四,"在本国领土上"蕴含着地域原则。国内生产总值指的是一国在本国领土内所生产的产品与服务,既包括本国企业所生产的产品与服务,又包括外国企业或合资企业在本国生产的产品和服务,但是在其他经济社会所生产的最终产品不应计入本经济社会的国内生产总值。第五,"一定时期"说明计入国内生产总值的是核算期内(往往是一年)所生产的产品和服务,不包括以前生产和当前仍在使用的产品。第六,GDP 是流量概念,而非存量概念。

2. 人们购买公司债券实际上是借钱给公司用,公司从人们手中借到了钱作生产用,比如说购买机器设备,就是提供了生产性服务,可被认为创造了价值,因为公司债券的利息可看做是资本之一要素提供生产性服务的报酬或收入,当然要计入 GDP。与之不同的是,政府的公债利息被看做是转移支付,因为政府借的债不一定投入生产活动,而往往是用于弥补财政赤字。政府公债利息常常被看做是从纳税人身上取得的收入加以支付的,习惯上被看做是转移支付,因而从政府公债中得到的利息不计入 GDP。

3. 经济学意义上的投资指增加或更换资本资产的支出,即购买新厂房、设备和存货的行为,而人们购买债券和股票只是一种证券交易活动,并不是实际的生产经营活动。人们购买债券或股票,是一种产权转移活动,因而不属于经济学意义的投资活动,也不能计入 GDP。当公司从人们手中取得了出售债券或股票的货币资金再去购买厂房或机器设备时,才是经济学上的投资活动。

七、阅读与思考

国内生产总值即 GDP 是指国家(或地区)在本国领土上,在一定时期内生产的全部最终产品和劳务的市场价值总和。怎样缩小我国与发达国家的差距,把我国 GDP 这个蛋糕做大呢?重要的是转变观念。无论是企业家还是政府官员,都要想办法,把企业的价值链做长,把经济的价值链做长,把产品的附加值做大。那么怎样理解这句话呢?我们举一个例子来说明:我国是农业大国,农产品的商品化程度很低,也就是价值链短。农民吃的东西很少是到市场上买来的。他们吃的粮食、蔬菜、蛋类等都是自己生产的。再看美国的农民(美国农民占全国总人口的 2.8%),如果他是一个农场主,生产出的麦子,自己不磨面、不烤面包。从市场上把面包、黄油、蛋类、蔬菜等买回来吃,这样一来,他们的价值链就做长了,GDP 的总量就做大了。具体是这样做大的:美国农民先把小麦送进面粉厂,面粉加工出来又进面包厂,生产出来的面包又进超市,超市再把它卖出去。光是吃这个链条就很长,在这个链条上每一个环节价值都在增值。而我国农民只做了较少工序,农民把粮食种出来,经过简单加工就进嘴里了。现在我们已经意识到这个问题,无论是政府还是企业家都在设法把产品和服务价值链做长做大,这样才会增加我国的 GDP。

第三章　简单国民收入决定理论

提　要

1. 在最简单的经济关系中，经济社会的产量(国民收入)就取决于总需求。与总需求相等的产出称为均衡产出或均衡收入。也就是说，一个社会的产出取决于总需求，企业根据总需求来安排生产。当产出水平等于总需求水平时，企业生产就会稳定下来；若生产水平(供给)超过需求水平，企业非计划(非意愿)存货就会增加，企业就会减少生产；若生产水平(供给)低于需求水平，企业存货会减少，企业就会增加生产。总之，由于企业要根据产品销路来安排生产，一定会把生产定在和产品需求相一致的水平上。由于两部门经济中没有政府和国外经济体，总需求就由居民消费和投资组成。于是，均衡产出可用公式表示为：$y=c+i$。这里，y、c、i 都用小写字母表示，分别表示剔除价格变动的实际产出或收入、实际消费和实际投资，而不是用大写字母表示的名义产出、名义消费和名义投资。c 和 i 代表的是居民和企业想要有的消费和投资，即意愿消费和投资的数量，而不是国民收入构成公式中实际发生的消费和投资。

2. 均衡条件的另一种表达方式：$i=s$。投资等于储蓄，意味着要达到均衡，计划投资必须等于计划储蓄，或非计划存货投资为零。这个式子不同于国民收入核算体系中的投资－储蓄恒等式。后者所指的投资和储蓄都是根据国民收入核算中的定义得到的实际数字，并且从核算角度来讲总是恒等的。均衡国民收入中 $i=s$，则反映的是实体经济中既没有过剩也没有短缺的情形。

3. 凯恩斯认为，在所有影响消费的因素中，最具有决定意义的是个人当期的可支配收入，这种理论被称为绝对收入假说。凯恩斯的理论建立在这样一条心理规律的基础上：当人们的收入增加时，消费也会增加，但消费的增加量总是小于收入的增加量，而且随着收入的不断增加，增加的收入中用于消费的比例会越来越小。因此，消费函数可以表示为：$c=c(y)$，消费与收入的关系可以用平均消费倾向(APC)和边际消费倾向(MPC)来说明。平均消费倾向指平均意义上消费支出在收入中所占的比例，即：$\mathrm{APC}=\frac{c}{y}$；边际消费倾向是指增加的一个单位收入中用于消费的量，即：$\mathrm{MPC}=\frac{\Delta c}{\Delta y}$，一般用 β 表示边际消费倾向，若收入的变化趋向于无穷小，则有：$\beta=\frac{\mathrm{d}c}{\mathrm{d}y}$。由于消费的增加量总是小于收入的增加量，所以一定有 $0<\beta<1$。又因为随着收入的不断增加，增加的收入中用于消费的比例会越来越小，所以 β 的取值会随着收入的增加而递减，这就是边际消费倾向递减规律。

4. 如果消费和收入之间存在线性关系，那么边际消费倾向 β 就是一个常数，这时消费函数可以表示为：$c=\alpha+\beta y$。式中，α 为必不可少的自发消费部分，也就是与收入水平无关的消费，即使收入为零，这部分消费也是需要发生的。β 是边际消费倾向，βy 为引致消费部分，表示随着收入的增加，引致消费也会增加。因此，该式的含义为消费等于自发消费与引致消费之和。

5. 在宏观经济中，储蓄被定义为可支配收入中没有被消费的部分。一般来说，在其他条件不变的情况下，储蓄随着收入的变化而同方向发生变化，即收入增加，储蓄也增加；收入减少，储蓄也减少。但二者之间并没有按同一比例变动。设 s 代表储蓄，y 代表收入，则储蓄函数可以表示为：$s=s(y)$。储蓄与收入的关系也可以用平均储蓄倾向(APS)和边际储蓄倾向(MPS)来说明。平均储蓄倾向指平均意义上储蓄在收入中所占的比例，即：$\mathrm{APS}=\frac{s}{y}$；边际储蓄倾向是指增加的一个单位收入中用于储蓄的量，即：$\mathrm{MPS}=\frac{\Delta s}{\Delta y}$；当收入与储蓄量极小时，边际储蓄倾向还可以表示为：$\mathrm{MPS}=\frac{\mathrm{d}s}{\mathrm{d}y}$。如果储蓄和收入呈线性关系，即若储蓄曲线和消费曲线都为一条直线的话，则由于 $s=y-c$，且 $c=\alpha+\beta y$，于是我们可以得到线性储蓄函数表达式：$s=-\alpha+(1-\beta)y$。

6. 储蓄被定义为收入和消费之差，那么储蓄函数和消费函数之间必然存在着一定关系：

首先，消费函数和储蓄函数互为补数，从公式来看：$s=y-c=y-(\alpha+\beta y)=-\alpha+(1-\beta)y$。

其次，若 APC 和 MPC 都随着收入增加而递减，且 APC>MPC，那么 APS 和 MPS 都随着收入的增加而递增，且 APS<MPS。同时，APC 和 APS 二者之和为 1，MPC 和 MPS 之和也为 1。因为由公式 $y=c+s$，则 $\frac{y}{y}=\frac{c}{y}+\frac{s}{y}=1$，于是，我们可以得到：APC＋APS＝1。同样，由于 $\Delta y=\Delta c+\Delta s$，那么 $\frac{\Delta y}{\Delta y}=\frac{\Delta c}{\Delta y}+\frac{\Delta s}{\Delta y}=1$，于是，我们可以得到：MPC＋MPS＝1。因此，消费函数和储蓄函数只要有一个确立，那么就可以通过二者之间的关系确立另一个函数。

7. 社会消费函数是单个家庭消费函数之和，但社会消费函数并不是单个家庭消费函数的简单加总，社会消费函数的形成除了受家庭消费函数影响之外，还受其他因素影响。首先，收入差距会影响社会消费函数。不同社会成员拥有的财富数量不同，便具有不同的消费能力和储蓄能力。如果一个社会的收入差距越大，富有者拥有的社会财富越多，其储蓄能力越强，边际消费倾向较低，那么社会消费曲线就越会向下移；反之，如果一个社会的国民收入分配较为平均，社会成员的边际消费倾向总体上就较高，那么社会消费曲线就越会向上移。其次，政府的税收政策会影响社会消费函数。如果政府实行的是累进个人所得税制，那么富有者的储蓄就会转化为政府的税后收入。政府将这部分税收通过政府购买支出的方式花费掉，或者通过政府转移支付的方式形成公众的收入，最终用于消费，从而增加社会消费总量。这样，社会消费曲线就会向上移。企业的利润分配情况也会影响社会消费函数。如果企业利润中未分配的数量较少，意味着股东得到了更多的分红，这部分分红就会有一部分用于消费，从而消费增多，社会消费曲线上移；而如果企业未分配利润较多，则意味着股东得到的分红较少，那么社会消费量就会减少，从而社会消费曲线下移。影响社会消费函数的因素还有很多，但在考虑了种种影响因素后，社会消费函数和家庭消费函数还是有很大的相似之处的，二者的图形也有很多的共同点。

8. 相对收入理论是由美国经济学家杜森贝利(J. S. Duesenberry)在 1949 年提出的。他认为，消费支出不是取决于绝对收入水平，而是取决于“相对收入水平”。这里的“相对”具有两方面的含义：一是某个个人或家庭相对于周围其他个人或者家庭的相对收入水平的变化；二是某个个人或家庭当期的收入相对于其过去的收入水平的变化。首先，某个个人或家庭的收入相对于周围其他个人或家庭的收入发生变化。当收入水平提高时，不同的消费阶层的收入水平提高的相对幅度是不一样的。有些消费阶层的绝对收入水平提高了，但是相对于其他消费阶层的收入水平，其相对收入水平可能下降了。相对收入水平提高的消费阶层的平均消费倾向会递减，而相对收入水平下降的消费阶层由于消费的攀比心理，其消费水平会向周围相对收入水平上升的消费阶层靠近，消费在收入中占的比重增加，这就是所谓的“示范效应”。从而其绝对收入水平虽然上升，但边际消费不是递减的，而是递增的。最终从整个社会来看，平均消费倾向随着收入水平的提高，有的消费阶层下降，有的消费阶层上升，总的消费倾向有可能是不变的。其次，当期的收入相对于过去的收入水平，尤其是相对于高峰收入的变化。一个人在其高峰收入时期消费水平会较高，当收入水平进一步提高时，消费支出会随之提高；但是当收入水平下降时，消费支出却不容易很快随之下降，这就是所谓的消费的“棘轮效应”。因此，就短期观察可发现，在经济波动过程中，收入增加时低收入者的消费会赶上高收入者的消费，但收入减少时，消费水平的降低是相当有限的。

9. 美国经济学家、1985 年诺贝尔经济学奖得主弗朗科·莫迪利安尼(Franco Modigliani)提出的消费生命周期理论认为，消费者是根据一生的预期收入来安排消费支出的。各个家庭在每个时点上的消费和储蓄决策都反映出该家庭在其生命周期内达到消费的理想分布，而其消费要受制于整个生命周期内所获得的总收入。生命周期理论将储蓄作为未来的消费。人们之所以能在一生中均匀地消费，主要是由于储蓄的作用。在工作期间，收入大于消费，就有储蓄；在退休期间，没有劳动收入，因此会动用以前的储蓄进行消费，出现负储蓄。当生命结束时，储蓄用完，一生收入与消费相等。该理论提出，个人一生的消费是由一生的劳动收入与财产提供资金。现期收入对现期消费影响很小，对财产的影响也不大，影响现期消费的最重要的因素是一生中预期的年收入、预期寿命和工作期的长短，这些因素会影响一生中各年的消费与储蓄。

10. 永久收入理论是由美国经济学家米尔顿·费里德曼(M. Friedman)于 1957 年提出的。他认为，消费者的消费支出主要不是由他的现期收入决定的，而是由他的永久收入决定的。由于受到许多偶然因素的影响，短期可支配收入是一个经常变动的量，人们的消费却不会随收入的波动而经常地变动。收入变动会引起消费变动的多少，取决于收入变动是长期的还是短期的。生命周期理论和永久收入理论有联系也有区别。就区别而言，前者偏重对储蓄动机的分析，从而提出以财富作为消费函数的变量的重要理由；而永久收入理论则偏重于个人预测自己未来收入的问题。就联系而言，两者都强调消费者是前向预期决策者。两者在以下几点是相同的：首先，消费不只与现期收入相联系，而是要以一生的或永久的收入作为消费决策的依据；其次，一次性暂时收入变化引起的消费支出变动很小，即其边际消费倾向很低，而永久收入变动引起的边际消费倾向很大；最后，如果政府希望通过税收政策来影响消费，那么只有永久性的税收变动才会对消费产生较大的影响，从而使政策产生明显的效果。

11. 在现实生活中，除了收入这一重要影响因素外，还有许多其他因素也影响着人们的消费。(1) 利率水平。传统经济学认为，利率的提高会导致储蓄增加，从而减少当前的消费；现代经济学家则认为，利率变化会同时对储蓄产生替代效应和收入效应。利率变动对储蓄的替代效应是指，当利率提高时，人们会认为减少目前消费、增加将来消费是有利的，从而导致消费者改变消费计划,减少目前消费,增加储蓄。利率变动对储蓄的收入效应是指,利率提高会使消费者将来的利息收入增加,使消费者感觉自己变得较为富有,从而增加目前的消费,导致储蓄减少。利率提高是否会增加储蓄、减少消费,要视利率变动对储蓄的替代效应和收入效应而定。(2) 物价水平。物价水平主要是通过价格水平的变化对实际收入的影响来实现的。当价格水平提高时,如果货币收入没有同比例提高,则消费者的实际收入水平就会降低,那么消费者为了维持原有生活水平不下降,就必须增加消费支出,导致消费倾向提高。相反,如果价格水平下降,则消费者维持原有消费水平的消费支出可以减少,就会导致消费倾向下降。(3) 收入分配状况。不同收入水平的消费者,消费占收入的比重是不同的。一般来说,低收入者消费占收入的比重较大,有的甚至是入不敷出,而高收入者消费占收入的比重较小。在国民收入总水平相等的情况下,收入分配状况越平均的国家,整体的消费就越高;反之,整体的消费就越低。除此之外,还有其他一些影响消费的因素,如消费品存量、财政政策等。

12. 两部门经济中的均衡收入表达式为:$y=\frac{\alpha+i}{1-\beta}$。当总投资增加时,收入的增量将是投资增量的倍数。这个倍数就是投资乘数。投资乘数指收入的变化与带来这种变化的投资支出的变化的比率。如果以 Δy 表示增加的收入,Δi 代表增加的投资,则二者之比率 $k=\frac{\Delta y}{\Delta i}$,即 $\Delta y=k\Delta i$。通过上面的计算过程,我们可以得到乘数 $=\frac{1}{1-\text{边际消费倾向}}$,或者 $k=\frac{1}{1-\mathrm{MPC}}$;如果用 β 代表 MPC,则上式可以表达为 $k=\frac{1}{1-\beta}$,由于 MPS=1-MPC,因此,$k=\frac{1}{1-\mathrm{MPC}}=\frac{1}{\mathrm{MPS}}$。

13. 乘数的特征:首先,乘数的大小与边际消费倾向有关。边际消费倾向越大,居民消费意愿越强,乘数就越大。相反,如果边际消费倾向越小,乘数就越小。如果边际消费倾向为 0,则乘数将变为 1,这意味着一单位投资支出增加将只带来一单位国民收入的增加,不会带来乘数效应。其次,乘数效应反映了国民经济各部门之间的连锁反应,当投资增加时,收入的增加会带动消费支出的增加,进而引起收入的进一步增加。另外,乘数作用是双重的,当投资增加时,所引起的国民收入的增加要大于最初自发总支出的增加;当投资减少时,所引起的国民收入的减少也要大于最初投资的减少。最后,乘数的作用是建立在资源没有得到充分利用的前提之上的。当各种资源已经被充分利用,或者某些资源处于短缺时,乘数作用将会受到抑制。

14. 在两部门的基础上,加入政府部门之后,两部门经济就变成了三部门经济。此时的总需求不但包含了消费 c、投资 i,还包括了政府部门的购买支出 g。而总收入也在消费 c、储蓄 s 的基础上,增加了税收 t 一项。这里的税收,是指总税收减去政府转移支付以后所得的净纳税额,三部门经济中宏观均衡的条件:$i+g=s+t$。均衡收入表达式为 $y=\frac{\alpha+i+g-\beta t}{1-\beta}$。政府购买支出乘数,是指收入变动对引起这种变动的政府购买支出变动的比率:$k_g=\frac{\Delta y}{\Delta g}=\frac{1}{1-\beta}$;税收乘数是指收入变动对引起这种变动的税收变动的比率:$k_t=\frac{\Delta y}{\Delta t}=-\frac{\beta}{1-\beta}$;政府转移支付乘数是指收入变动与引起这种变动的政府转移支付变动的比率:$k_{t_r}=\frac{\Delta y}{\Delta t_r}=\frac{\beta}{1-\beta}$;平衡预算乘数是指政府收入和支出同时以相等数量增加或减少时国民收入变动与政府收支变动的比率：$k_{\mathrm{b}}=\frac{\Delta y}{\Delta g}=\frac{\Delta y}{\Delta t}=1$。

15. 四部门经济体中，一国的国民收入 $y=c+i+g+\mathrm{nx}$，其中 nx 表示净出口，为出口与进口之差，即 $\mathrm{nx}=x-m$。在净出口 nx 中，我们一般假定出口 x 是一个外生变量，因为出口是由外国的购买力和购买需求决定的，本国难以左右。而进口 m 会随着本国收入提高而增加，我们可以把进口写成收入的一个函数：$m=m_0+\gamma y$，式中，m_0 为自发性进口，即进口额不随收入水平变动的部分，γ 表示边际进口倾向，即收入增加 1 单位时进口的增加量。四部门经济中的均衡国民收入表达式为：$y=\frac{1}{1-\beta+\gamma}(\alpha+i+g-\beta t+\beta t_{\mathrm{r}}+x-m_0)$，其中，投资 i，政府购买支出 g，出口 x，政府税收 t 以及政府转移支付 t_{r} 均为外生变量。四部门经济中的各乘数为：投资乘数 $k_i=\frac{1}{1-\beta+\gamma}$；政府购买支出乘数 $k_g=\frac{1}{1-\beta+\gamma}$；税收乘数 $k_t=-\frac{\beta}{1-\beta+\gamma}$；政府转移支付乘数 $k_{t_{\mathrm{r}}}=\frac{\beta}{1-\beta+\gamma}$；对外贸易乘数 $k_x=\frac{1}{1-\beta+\gamma}$。其中，对外贸易乘数表示出口增加 1 单位引起国民收入变动的多少。由于 $\gamma>0$，因此 $\frac{1}{1-\beta+\gamma}<\frac{1}{1-\beta}$。我们可以看出，有了对外贸易后，不仅出口的变动，而且投资、政府支出、税收的变动对国民收入变动的影响，与封闭经济相比也发生了变化，这主要是由于增加的收入的一部分要用到进口商品上。

习　题

一、单选题

1. 边际消费倾向与边际储蓄倾向之和等于 1，这是因为（　　）。
   A. 任何两个边际量相加总是等于 1
   B. MPC 和 MPS 都是直线
   C. 国民收入的每一美元不是用于消费就是用于储蓄
   D. 经济中的投资水平不变
2. 满足储蓄等于投资的均衡点使经济稳定是因为（　　）。
   A. 在这一点上政府停止干预
   B. 任何处于均衡外的经济将回到均衡点
   C. 人们为了有效地使用资源把所有储蓄用于投资
   D. 以上都正确
3. 在坐标图上，表示收入和消费关系的 45°线意味着（　　）。
   A. 直线上所有的点表示消费等于储蓄
   B. 直线上所有的点表示收入等于储蓄
   C. 直线上所有的点表示消费等于收入
   D. 以上都不正确

4. 如果消费函数为 $c=100+0.8(y-t)$,那么政府支出乘数是(　　)。

A. 0.8

B. 1.25

C. 4

D. 5

5. 如果消费函数为 $c=100+0.8(y-t)$,并且税收和政府支出同时增加 1 美元,则均衡的收入水平将(　　)。

A. 保持不变

B. 增加 3 美元

C. 增加 1 美元

D. 下降 4 美元

6. 国民收入决定理论认为国民收入均衡水平取决于(　　)。

A. 总收入

B. 总投资

C. 总需求

D. 总供给

7. 如果消费曲线是直线,那么,平均消费倾向(　　)边际消费倾向。

A. 大于

B. 等于

D. 小于

D. 以上均不对

8. 平均储蓄倾向将随收入的增加而(　　)。

A. 递减

B. 递增

C. 不变

D. 不能确定

9. 均衡的国民收入是指(　　)。

A. 一国每年所生产出的产品的货币价值

B. 总支出大于总供给时的国民收入

C. 总支出小于总供给时的国民收入

D. 总支出等于总供给时的国民收入

10. 乘数发生作用的条件是(　　)。

A. 社会上的各种资源已得到充分利用

B. 社会上的各种资源没有得到充分利用

C. 边际消费倾向小于 0

D. 边际消费倾向大于 1

11. 收入超过支出,企业将减少生产,因为非计划存货量为(　　)。

A. 正

B. 负

C. 0

D. 不确定

12. 假如某国目前的均衡国民收入为 5 500 亿元，若政府要把国民收入提高到 6 000 亿元，在边际消费倾向 MPC 等于 0.9 的条件下，应增加支出(　　)亿元。

A. 50

B. 500

C. 450

D. 540

13. 线性消费曲线与 45°线之间的垂直距离为(　　)。

A. 自发性消费

B. 总消费

C. 收入

D. 储蓄

14. 消费函数的斜率取决于(　　)。

A. 边际消费倾向

B. 与可支配收入无关的消费的总量

C. 平均消费倾向

D. 由于收入变化而引起的投资总量

15. 根据消费函数，引起消费增加的因素是(　　)。

A. 价格水平下降

B. 收入增加

C. 储蓄增加

D. 利率提高

16. 平均消费倾向与平均储蓄倾向之和等于(　　)。

A. 小于 1 的正数

B. 小于 2 的正数

C. 0

D. 1

17. 下列不会使均衡国民收入增加的情况是(　　)。

A. 税收减少

B. 投资增加

C. 政府购买增加

D. 税收增加

18. 如果边际储蓄倾向为负，那么(　　)。

A. 边际消费倾向等于 1

B. 边际消费倾向大于 1

C. 边际消费倾向和边际储蓄倾向之和小于 1

D. 边际消费倾向小于 1

19. 决定美国和中国的投资乘数不一样的因素主要是(　　)。

A. 两国的平均消费倾向差异

B. 两国的边际消费倾向差异

C. 两国的企业投资规模差异

D. 两国的投资预期收益差异

20. 根据永久收入消费理论,永久收入的边际消费倾向应该(　　)现期收入的边际消费倾向。

A. 大于

B. 小于

C. 等于

D. 均有可能

21. 假定某人从现在起还可以再活 25 年,其中 10 年用来工作。假定他预期到其退休时每年的收入为 50 000 元,此外他累积的财富共计为 250 000 元,根据生命周期模型,他的年消费为(　　)元。

A. 10 000

B. 20 000

C. 25 000

D. 30 000

22. 凯恩斯的绝对收入假说认为消费支出和收入之间有着稳定的函数关系,下面关于绝对收入假说的说法中正确的是(　　)。

A. 平均消费倾向随收入的增加而降低,边际消费倾向随收入的增加而增加

B. 平均消费倾向小于边际消费倾向

C. 平均储蓄倾向随收入的增加而增加,边际储蓄倾向随收入的增加而降低

D. 平均储蓄倾向小于边际储蓄倾向

23. 如果消费函数为 $c=100+0.8(y-t)$,并且税收和政府支出同时增加 1 美元,那么均衡收入水平将(　　)。

A. 保持不变

B. 增加 3 美元

C. 增加 1 美元

D. 增加 4 美元

24. 加入政府部门后的支出乘数与(　　)相关。

A. 平均消费倾向

B. 税率

C. 投资对利息率的敏感度

D. 边际消费倾向

25. 消费的增加在下述(　　)情况下很可能难以拉动投资的增加。

A. 社会上有大量的闲置劳力

B. 企业普遍存在大量的闲置设备

C. 生产厂商数量不够多

D. 企业普遍存在大量的已生产出的产品

26. 乘数效应是指(　　)。

A. 国内生产总值的变动引起总支出的任何项目的倍数变化

B. 国内生产总值的变动引起投资的倍数变化

C. 总支出的任何项目的变动引起国内生产总值的倍数变化

D. 国内生产总值的变动引起消费的倍数变化

27. 就定量税而言,税收乘数和转移支付乘数的唯一区别是(　　)。

A. 前者比后者小 1

B. 前者为负,后者为正

C. 前者为正,后者为负

D. 两者互为倒数

28. 基于生命周期假说的消费函数强调(　　)。

A. 当期消费与财富积累的联系

B. 当期储蓄与当期收入的联系

C. 终身消费与终身收入的联系

D. 当期储蓄与当期消费的联系

29. 如果在消费一收入图形上,消费曲线向下移动,这意味着消费(　　)。

A. 由于减少收入而导致消费减少

B. 由于增加收入而导致消费增加

C. 由于非收入的其他原因导致消费减少

D. 由于非收入的其他原因导致消费增加

30. 在简单凯恩斯乘数中,乘数的重要性依赖于(　　)。

A. 投资函数的斜率

B. 消费函数的斜率

C. 实际货币供应量

D. 实际利率

二、判断题

1. 边际消费倾向大于 0 小于 1。(　　)

2. 消费函数与 45°线的交点表明消费等于储蓄。(　　)

3. 消费增量有可能大于收入增量。(　　)

4. 消费曲线的位置和形状一旦确定,那么储蓄曲线的位置和形状也就随之确定。(　　)

5. 总支出曲线与 45°线的交点决定收入就是均衡国民收入。(　　)

6. 均衡国民收入是充分就业的国民收入。(　　)

7. 减税对国民收入的影响要小于投资。(　　)

8. 投资乘数是大于 1 的正数。(　　)

9. 总支出曲线是一条向上倾斜的直线,表明总支出随收入的增长而增加,它的斜率就是边际消费倾向。(　　)

10. 居民户的当期消费只受当期收入的影响。(　　)

11. 如果政府支出和政府税收同时增加同样多的数量,那么均衡国民收入没有发生变化。 ( )

12. 税收乘数是大于1的正数。 ( )

13. 在两部门经济中,如果投资大于储蓄,那么总需求将小于总供给。 ( )

14. 若消费函数为$c=0.85y$,则边际消费倾向的含义是新增加1美元收入中消费0.85美元。 ( )

15. 边际储蓄倾向越大,政府购买变动对国民收入的影响就越大。 ( )

16. 在两部门经济中,均衡发生于实际储蓄等于实际投资之时。 ( )

17. 在均衡产出水平上,计划存货投资和非计划存货投资都必然为零。 ( )

18. 边际消费倾向和平均消费倾向都总是大于0而小于1。 ( )

19. 如果边际储蓄倾向为0.3,投资支出增加60亿元,这将导致均衡收入GDP增加200亿元。 ( )

20. 当消费函数为$c=a+by(a>0,0<b<1)$时,表明平均消费倾向大于边际消费倾向。 ( )

三、名词解释

1. 均衡产出
2. 消费函数
3. 储蓄函数
4. 边际消费倾向
5. 平均消费倾向
6. 投资乘数
7. 税收乘数
8. 平衡预算乘数
9. 对外贸易乘数
10. 政府转移支付乘数

四、填空题

1. 均衡条件用投资和储蓄来表达为________,意味着要达到均衡,________等于________。

2. 凯恩斯认为,在所有影响消费的因素中,最具有决定意义的是个人当期的________,这种理论被称为________。

3. 随着收入的不断增加,增加的收入中用于消费的比例会越来越________,所以边际消费倾向β的取值会随着收入的增加而________。

4. 如果消费和收入之间存在线性关系,那么边际消费倾向β就是一个常数,这时消费函数可以表示为________。式中,α为必不可少的________。

5. 若APC和MPC都随着收入的增加而递减,且APC ________ MPC(大于、小于、等于),那么APS和MPS都随着收入的增加而________,且APS ________ MPS(大于、小于、等于)。

6. 相对收入理论认为，消费支出不是取决于绝对收入水平，而是取决于________。

7. 消费的生命周期理论认为，消费者是根据________来安排消费支出的，生命周期理论将储蓄作为________。

8. 永久收入理论认为，消费者的消费支出主要不是由他的________收入决定，而是由他的________收入决定。

9. 乘数的大小与________有关。边际消费倾向越大，乘数就________。相反，如果边际消费倾向越小，乘数就________。

10. 平衡预算乘数是指政府________和________同时以________增加或减少时国民收入变动与政府收支变动的比率，比值为________。

五、计算题

1. 假设在两部门经济中，$c=100+0.8y$，投资 $i=50$（单位：亿元）。

试求：

(1) 均衡的收入、消费和储蓄；

(2) 投资乘数，若投资增加至100，求增加的收入。

2. 假设某经济的消费函数 $c=100+0.8(y-t)$，投资 $i=50$，政府购买性支出 $g=200$，政府转移支付 $t_r=62.5$，总税收 $t_g=250$（单位均为亿美元）。

试计算：

(1) 均衡收入；

(2) 试求投资乘数、政府支出乘数、税收乘数、转移支付乘数、平衡预算乘数。

3. 在上题中，假定该社会达到充分就业所需要的国民收入为1 200亿美元，试问：(1)增加政府购买，(2)减少税收，(3)以同一数额增加政府购买和税收（以便预算平衡）实现充分就业，各需多少数额？

4. 假定某经济社会的消费函数 $c=30+0.8(y-t)$，净税收即总税收减去转移支付后的金额 $t=50$，投资 $i=60$，政府购买性支出 $g=50$，净出口即出口减进口以后的余额为 $nx=50-0.05y$。

试求：

(1) 均衡收入以及该均衡收入水平上的净出口余额；

(2) 当净出口从 $nx=50-0.05y$ 变为 $nx=40-0.05y$ 时的均衡收入和净出口余额。

六、简答题

1. 简述边际消费倾向递减规律。

2. 政府通过一定的税收政策，使收入从富人转移到穷人，将提高国民收入水平。试分析这种原理的依据。

3. 税收、政府购买和转移支付这三者对总需求的影响有何区别？

七、阅读与思考

阅读以下材料，联系实际情况，运用所学理论进行评析。

乘数反映出国民经济各部门之间存在着密切的联系。比如建筑业增加投资100万元，它不仅会使本部门收入增加，而且会在其他部门引起连锁反应，从而使这些部门的支出与收入也增加，在边际消费倾向为80%，在乘数的作用下最终使国民收入增加5倍时国民收入增加500万元。为什么会有这种倍数关系？让我们举例来说明。例如，你花了50元去买了10斤苹果，这样卖水果的小贩收到50元后，留下20%即50元×20%=10元去储蓄，那剩余的80%即40元去购买其他商品，这40元又会成为其他人的收益。假如这个小贩把40元用于购买蔬菜，这又使菜农收益增加了40元。菜农再将20%即8元去储蓄，其余80%即32元去买大米，这样，卖大米的农户会增加32元的收益……如此循环下去，社会最后的收益上升到250元，即$50+50\times80\%+50\times80\%\times80\%+\cdots+50\times80\%^n=50\times(1-80\%^n)/(1-80\%)=50\times5=250$(元)。250元是最初需求增加量50元的5倍，这就是乘数效应的结果。但乘数的作用是双重的，如果上述例子相反则会使国民收入减少250元。即当自发总需求增加时，所引起的国民收入的增加要大于最初自发总需求的增加；当自发总需求减少时，所引起的国民收入的减少也要大于最初自发总需求的减少。所以，经济学家形象地把乘数称为一把“双刃剑”。

思考题：

1. 乘数理论的含义是什么？
2. 为什么说乘数理论是一把“双刃剑”？

习题答案

一、单选题

1～5：CBCDC　5～10：CABDB　11～15：AADAB　16～20：DDBBA
21～25：DDCDD　26～30：CBCCB

二、判断题

1. √
2. ×
3. ×
4. √
5. √
6. ×
7. √
8. √
9. √
10. ×
11. ×
12. ×
13. ×
14. √
15. ×

16. ×
17. ×
18. ×
19. √
20. √

三、名词解释

1. 均衡产出：与总需求相等的产出称为均衡产出。
2. 消费函数：表示消费和收入之间关系的函数。
3. 储蓄函数：表示储蓄和收入之间关系的函数。
4. 边际消费倾向：指增加的一个单位收入中用于消费的量。
5. 平均消费倾向：指平均意义上消费支出在收入中所占的比例。
6. 投资乘数：指收入的变化与带来这种变化的投资支出的变化的比率。
7. 税收乘数：指收入变动对引起这种变动的税收变动的比率。
8. 平衡预算乘数：指政府收入和支出同时以相等数量增加或减少时国民收入变动与政府收支变动的比率。
9. 对外贸易乘数：表示出口增加 1 单位引起国民收入变动的多少。
10. 政府转移支付乘数：指收入变动对引起这种变动的政府转移支付变动的比率。

四、填空题

1. $i=s$　计划投资　计划储蓄
2. 可支配收入　绝对收入假说
3. 小　递减
4. $c=\alpha+\beta y$　自发消费部分
5. 大于　递增　小于
6. 相对收入水平
7. 一生的预期收入　未来的消费
8. 现期　永久
9. 边际消费倾向　越大　越小
10. 收入　支出　相等数量　1

五、计算题

1. (1) 题中所给消费函数 $c=100+0.8y$，$\alpha=100$，$\beta=0.8$，所以，均衡收入为：

$$y=\frac{\alpha+i}{1-\beta}=\frac{100+50}{1-0.8}=750\text{(亿元)}$$

所以此时的消费为：$c=100+0.8y=100+0.8\times750=700$(亿元)。

储蓄：$s=y-c=750-700=50$(亿元)。

(2) 投资乘数：$k=\dfrac{1}{1-\beta}=\dfrac{1}{1-0.8}=5$，所以当 $\Delta i=100-50=50$(亿元)，$\Delta y=k\times\Delta i=$

$5\times50=250$(亿元),所以此时的均衡收入 $y'=750+250=1\ 000$(亿元)。

2. (1) 由总税收和政府转移支付,可得净税收 $t=t_g-t_r=250-62.5=187.5$(10 亿美元);

由消费函数 $c=100+0.8(y-t)$,$\alpha=100$,$\beta=0.8$;

三部门经济中均衡国民收入:$y=\dfrac{\alpha+i+g-\beta t}{1-\beta}=\dfrac{100+50+200-0.8\times187.5}{1-0.8}=1\ 000$(亿美元)。

(2) 投资乘数:$k_i=\dfrac{1}{1-\beta}=\dfrac{1}{1-0.8}=5$;

政府支出乘数:$k_g=\dfrac{1}{1-\beta}=\dfrac{1}{1-0.8}=5$;

税收乘数:$k_t=-\dfrac{\beta}{1-\beta}=-\dfrac{0.8}{1-0.8}=-4$;

转移支付乘数:$k_{t_r}=\dfrac{\beta}{1-\beta}=\dfrac{0.8}{1-0.8}=4$;

平衡预算乘数:$k_b=1$。

3. 由题意可得,$\Delta y=1\ 200-1\ 000=200$(亿美元)。

(1) 增加政府购买:政府支出乘数 $k_g=\dfrac{\Delta y}{\Delta g}=5$,所以 $\Delta g=\dfrac{\Delta y}{k_g}=\dfrac{200}{5}=40$(亿美元),即增加政府购买 400 亿美元。

(2) 减少税收:税收乘数:$k_t=\dfrac{\Delta y}{\Delta t}=-4$,所以 $\Delta t=\dfrac{\Delta y}{k_t}=\dfrac{200}{-4}=-50$(亿美元),即减少税收 500 亿美元。

(3) 平衡预算乘数:$k_b=1$,则 $\Delta g=\Delta t=\Delta y=200$(亿美元),即同时增加政府购买 2 000 亿美元和税收 2 000 亿美元就能实现充分就业。

4. 由表中数据可以得到各环节的增加值:投资 $i=60$,政府购买性支出 $g=50$,净出口即出口减进口以后的余额为 $nx=50-0.05y$。

(1) 消费函数 $c=30+0.8(y-t)$,$\alpha=30$,$\beta=0.8$;

净出口函数:$nx=50-0.05y$,$x-m_0=50$,$\gamma=0.05$;

四部门经济中,均衡国民收入:

$$y=\frac{1}{1-\beta+\gamma}(\alpha+i+g-\beta t+x-m_0)=\frac{30+60+50-0.8\times50+50}{1-0.8+0.05}=600$$

此时,净出口余额 $nx=50-0.05y=50-0.05\times600=20$。

(2) 变化之后,$x-m_0=40$,则

$$y=\frac{1}{1-\beta+\gamma}(\alpha+i+g-\beta t+x-m_0)=\frac{30+60+50-0.8\times50+40}{1-0.8+0.05}=560$$

此时,净出口余额 $nx=40-0.05y=40-0.05\times560=12$。

六、简答题

1. 凯恩斯主义的消费心理规律认为:消费水平的高低会随着收入多少的变动而变动,收入越多,消费水平就越高。但是随着人们收入的增加,消费数量的增加赶不上收入的增加,亦

即边际消费倾向随着收入的增加而呈现递减的趋势，一般来说，边际消费倾向总是大于0而小于1的。

2. 将一部分国民收入从富者转给贫者将提高总收入水平，其原因在于：富者的边际消费倾向较低，边际储蓄倾向较高；而贫者的边际消费倾向较高，因为穷人收入低，为维持基本生活水平，他们会将增加的收入较多地用于消费支出。因而将一部分国民收入从富者转移给穷人，可提高整个社会的消费倾向，从而提高整个社会的总消费支出水平，于是总收入水平就会随之提高。

3. 总支出由消费支出、投资支出、政府购买支出和净出口四部分组成。

税收并不直接影响总支出，它是通过改变人们的可支配收入，从而影响消费，再影响总支出。税收的变化与总支出的变化是反方向的。当税收增加(税率上升或税收基数增加)时，人们可支配收入减少，从而消费减少，总支出也减少。总支出的减少量数倍于税收增加量，反之亦然。这个倍数就是税收乘数。

政府购买支出直接影响总支出，两者的变化是同方向的。总支出的变化量也数倍于政府购买变化量，这个倍数就是政府支出乘数。

政府转移支付对总支出的影响方式类似于税收，即间接影响总支出，也是通过改变人们的可支配收入，从而影响消费支出及总支出。并且政府转移支付乘数和税收乘数的绝对值是相同的。与税收不同的是，政府转移支付的变化与总支出的变化是同方向的，但政府转移支付乘数小于政府购买支出乘数。

七、阅读与思考

乘数是指自发总需求(包括消费、投资和政府支出)的增加所引起的国民收入增加的倍数，或者说是国民收入增加量与引起这种增加量的自发总需求增加量之间的比率。乘数理论回答总需求增加与国民收入增加量之间的关系。

乘数的大小取决于边际消费倾向。边际消费倾向越高，乘数就越大；边际消费倾向越低，乘数就越小。如果材料中的边际消费倾向是90%，乘数就是10倍，最初需求50元乘以10，社会收益就是500元。这是因为边际消费倾向越大，增加的收入就有更多的部分用于消费，从而使总支出和国内生产总值增加得更多。

但是国民经济各部门之间确实存在着乘数理论所引发的这种连锁反应，国民收入的增加也大于最初自发总需求的增加。这就是说，只有在社会上各种资源没有得到充分利用时，总需求的增加才会使各种资源得到利用，产生乘数作用。如果社会上各种资源已经得到了充分利用，或者某些关键部门(如能源、原料或交通)存在着制约其他资源利用的“瓶颈状态”，那么乘数也无法发挥作用。如在改革开放初期，增加需求，导致加工业膨胀，但我国的基础产业和基础设施非常薄弱，无法满足新增需求，在旺盛的需求面前能源、原料等初级品供不应求，价格上涨。

第四章　产品市场与货币市场的一般均衡

提　要

1. IS 曲线是一条投资－储蓄曲线，是表示社会经济活动中产品市场均衡的曲线。它反映的是在产品市场上，当投资和储蓄相等时，利率和国民收入的关系。这条曲线上任何一点都代表一定的利率和国民收入的组合，在这样的组合下，投资和储蓄都是相等的，即 $I=S$，从而产品市场是均衡的，因此这条曲线称为 IS 曲线。

2. IS 曲线的斜率的大小，或者说倾斜的程度，取决于投资函数和储蓄函数的斜率，即投资需求对利率变动的反应程度(d)和边际消费倾向(b)。d 是投资对于利率变动的反应程度，它表示利率变动达一定幅度时投资变动的程度，如果 d 的值较大，即投资对于利率变化比较敏感，IS 曲线斜率的绝对值就较小，即 IS 曲线较平缓。b 是边际消费倾向，如果 b 较大，IS 曲线斜率的绝对值也会较小，这是因为，b 较大意味着支出乘数较大，从而当利率变动引起投资变动时，收入会以较大幅度变动，因此 IS 曲线就较平缓。

3. 影响 IS 曲线移动的因素有投资需求、储蓄意愿、政府购买和税收。

4. LM 曲线是一条流动偏好－货币供给曲线，它表示在货币供给量一定且货币供求均衡的条件下，不同利息率与相应的产出水平组合点的轨迹。它反映的是在货币市场达到均衡，及货币需求与货币供给相等时，利息率和国民收入的关系。这条曲线上任何一个点都代表一定的利息率和国民收入的组合，在这样的组合下，货币需求和货币供给都是相等的，即 $L=M$，从而货币市场是均衡的，因此这条曲线称为 LM 曲线。

5. 当货币市场达到均衡时，利率与国民收入水平同方向变动，因此，LM 曲线的斜率是正值(向右上方倾斜)。LM 曲线的斜率取决于货币的投机需求曲线和交易需求曲线的斜率，实际上也就是取决于式 LM 曲线的数学表达式 $r=\dfrac{R}{h}-\dfrac{M}{h}$ 中 k 和 h 的值。当 k 为定值时，h 越大，即货币需求对利率的敏感度越高，则 k/h 越小，LM 曲线越平缓。当 h 为定值时，k 越大，即货币需求对收入变动的敏感度越高，则 k/h 越大，LM 曲线越陡峭。

6. 根据不同的利率水平下货币投机需求的大小，可以将 LM 曲线划分为三个区域。其中，水平部分被称为“凯恩斯区域”或“萧条区域”，也被称为“凯恩斯陷阱”。在此区域，LM 曲线斜率为零，实行货币政策无效，而财政政策有效；垂直区域被称为“古典区域”，在此区域，LM 曲线斜率为无穷大，实行货币政策有效，而财政政策无效。在“古典区域”和“凯恩斯区域”之间部分被称为“中间区域”，在此区域，LM 曲线斜率为正值。

7. 影响 LM 曲线水平移动的因素有名义货币供给量和价格水平。

8. IS 曲线说明的是产品市场的均衡，LM 曲线说明的是货币市场的均衡。但是只有当产品市场和货币市场同时均衡时，整个社会的经济才能够达到均衡。IS－LM 模型将产品市场和货币市场结合起来，运用 IS 曲线和 LM 曲线，分析研究两种市场如何同时达到均衡，以确定两种市场同时均衡时的利率和国民收入的组合。

9. 假设LM曲线不变，若IS曲线向右移动，则利率与国民收入的均衡组合增大；若IS曲线向左移动，则利率与国民收入的均衡组合减小。假设IS曲线不变，若LM曲线向右移动，则均衡利率下降，均衡国民收入增加；若LM曲线向左移动，则均衡利率上升，均衡国民收入减少。IS曲线和LM曲线同时移动的情况需依据变动幅度而定。

习　题

一、单选题

1. IS曲线上的每一点都表示(　　)。
   A. 使总支出等于总收入的收入和利率的组合
   B. 使总支出等于总收入的均衡的货币量
   C. 使货币需求等于货币供给的均衡货币量
   D. 使产品市场和货币市场同时均衡的收入
2. 一般来说，IS曲线的斜率(　　)。
   A. 为负值
   B. 为0
   C. 为正值
   D. 等于1
3. 一般来说，位于IS曲线右方的收入和利率的组合，都是(　　)。
   A. 总收入小于总支出的非均衡组合
   B. 总收入大于总支出的非均衡组合
   C. 总收入等于总支出的均衡组合
   D. 货币供给大于货币需求的非均衡
4. 政府支出的增加使IS曲线(　　)。
   A. 向右移动
   B. 向左移动
   C. 保持不变
   D. 斜率增加
5. 当未来利率水平下降时，(　　)。
   A. 自发总支出减少，IS曲线向右移动
   B. 自发总支出减少，IS曲线向左移动
   C. 自发总支出增加，IS曲线向左移动
   D. 自发总支出增加，IS曲线向右移动
6. 可能引起IS曲线向左移动的原因是(　　)。
   A. 政府决定修建一条高速公路
   B. 政府决定降低个人所得税
   C. 中央银行降低贴现率

D. 本国汇率升值

7. 对于三部门经济而言,IS 曲线意味着 $C+I+G=C+S+T$,因此不可能出现(　　)的现象。

A. 平衡预算政策致使 IS 曲线右移

B. 购买支出增加致使 IS 曲线右移

C. 税收增加致使 IS 曲线左移

D. 平衡预算政策不影响 IS 曲线

8. 除(　　)以外,下述因素都不可能导致 IS 曲线右移。

A. 转移支付与税收同时增加

B. 购买支出增加 100 亿元而转移支付减少 100 亿元

C. 货币量增加

D. 税收增加

9. 假定税率为 0,边际消费倾向为 0.5,则当投资增加 100 亿元时,(　　)。

A. 收入增加 200 亿元

B. IS 曲线左移一个等于 200 亿元的水平距离

C. IS 曲线右移一个等于 200 亿元的水平距离

D. IS 曲线右移,但右移的距离不能确定

10. IS 曲线右移意味着(　　)。

A. 国民收入一定增加

B. 利率可能不变

C. 增税政策

D. 货币扩张

11. LM 曲线是收入和利率的各种组合,它的条件是(　　)。

A. 收入—支出均衡

B. 储蓄—投资均衡

C. 货币供给—货币需求均衡

D. 总供给—总需求均衡

12. 某居民预料债券价格将要下跌而把货币保留在手中,这种行为是出于(　　)。

A. 交易动机

B. 预防动机

C. 投机动机

D. 保值动机

13. 在萧条经济中,若边际消费倾向提高,则各个可能利率上的国民收入(　　)。

A. 增加

B. 减少

C. 不变

D. 不确定

14. 在萧条经济中,自发性支出增加,则在各个可能利率上的产出(　　)。

A. 增加

B. 减少

C. 不变

D. 不确定

15. 若边际消费倾向提高，则 IS 曲线(　　)。

A. 横截距增大

B. 横截距减小

C. 纵截距增大

D. 纵截距减小

16. 货币供给量增加使 LM 曲线右移，表示(　　)。

A. 同一利息率水平下的收入增加

B. 利息率不变收入减少

C. 同一收入水平下的利息率提高

D. 收入不变利息下降

17. 水平的 LM 曲线表示(　　)。

A. 利息率对货币需求影响最大

B. 利息率对货币需求影响最小

C. 货币需求对利息率的影响最大

D. 货币需求对利息率的影响最小

18. 当 IS 曲线和 LM 曲线相交时，表示产品市场(　　)。

A. 均衡而货币市场非均衡

B. 非均衡而货币市场均衡

C. 和货币市场均处于非均衡

D. 和货币市场同时达到均衡

19. IS 曲线右上方、LM 曲线左上方的组合表示(　　)。

A. 产品供大于求、货币供大于求

B. 产品供大于求、货币求大于供

C. 产品求大于供、货币供大于求

D. 产品求大于供、货币求大于供

20. IS 曲线左下方、LM 曲线右下方的组合表示(　　)。

A. 产品供大于求、货币供大于求

B. 产品供大于求、货币求大于供

C. 产品求大于供、货币供大于求

D. 产品求大于供、货币求大于供

21. IS 曲线右上方、LM 曲线右下方的组合表示(　　)。

A. 产品供大于求、货币供大于求

B. 产品供大于求、货币求大于供

C. 产品求大于供、货币供大于求

D. 产品求大于供、货币求大于供

22. IS 曲线左下方、LM 曲线左上方的组合表示(　　)。

A. 产品供大于求、货币供大于求

B. 产品供大于求、货币求大于供

C. 产品求大于供、货币供大于求

D. 产品求大于供、货币求大于供

23. 假定IS曲线和LM曲线的交点所表示的均衡国民收入低于充分就业的国民收入。根据IS-LM模型,如果不让利息上升,政府应该(　　)。

A. 增加投资

B. 在增加投资的同时增加货币供给

C. 减少货币供给量

D. 减少投资的同时减少货币供给量

24. 如果投资对利率完全无弹性,货币供给的增加引起LM曲线移动会使(　　)。

A. 收入不变,利率下降

B. 收入增加,利率下降

C. 收入增加,利率下降

D. 收入减少,利率下降

25. 在IS-LM模型中,均衡利率的决定取决于(　　)。

A. 储蓄和投资

B. 货币供给和货币需求

C. 货币市场和产品市场的关系

D. 以上说法均不准确

26. 当经济处于凯恩斯陷阱中时,(　　)。

A. 财政政策无效,货币政策有效

B. 财政政策有效,货币政策无效

C. 财政政策和货币政策均有效

D. 财政政策和货币政策均无效

27. 利息率提高时,货币的投机需求将(　　)。

A. 增加

B. 不变

C. 减少

D. 不确定

28. 假定货币供给量不变,货币的交易需求和预防需求增加将导致货币的投机需求(　　)。

A. 增加

B. 不变

C. 减少

D. 不确定

29. 自发投资支出增加10亿元,会使IS曲线(　　)。

A. 右移10亿元

B. 左移10亿元

C. 右移支出乘数乘以10亿元

D. 左移支出乘数乘以 10 亿元

30. 自发总需求增加 100 万元，使国民收入增加了 1 000 万元，此时的边际消费倾向为（　　）。

A. 100%

B. 90%

C. 50%

D. 10%

二、判断题

1. 若资本的边际效率高于市场利息率，则表示现有投资规模偏小。（　　）

2. 自发消费随收入的变动而变动，它取决于收入和边际消费倾向。（　　）

3. 在资源没有得到充分利用时，增加储蓄会使国民收入减少，减少储蓄会使国民收入增加。（　　）

4. 乘数的大小取决于边际消费倾向，边际消费倾向越高乘数越小。（　　）

5. 在产品市场上，利率与国民收入成反方向变动是因为利率与投资成反方向变动。（　　）

6. 若边际消费倾向提高，则 IS 曲线横截距增大。（　　）

7. 若投资对利息率的反应提高，则在利息率下降相同时产出的增量减少。（　　）

8. 投资乘数等于投资变化除以收入变化。（　　）

三、名词解释

1. IS 曲线

2. LM 曲线

3. 凯恩斯区域

4. 古典区域

5. 中间区域

6. IS－LM 模型

四、填空题

1. IS 曲线是一条投资—储蓄曲线，它反映的是在________上，当________和________相等时，________和________的关系。

2. IS 曲线的斜率的大小，或者说倾斜的程度，取决于________和________的斜率。在三部门经济中，IS 曲线斜率还与________有关。

3. 影响 IS 曲线移动的因素有________、________、________和________。

4. LM 曲线是一条流动偏好—货币供给曲线，它表示在________一定，且________条件下，不同________组合点的轨迹。

5. LM 曲线的斜率取决于________和________的斜率。

6. 根据不同的利率水平下货币投机需求的大小，可以将 LM 曲线划分为________、________、________三个区域。

7. 影响 LM 曲线水平移动的因素有________和________。

8. IS－LM模型将________和________结合起来,运用IS曲线和LM曲线,分析研究两种市场如何同时达到均衡,以确定两种市场同时均衡时的________的组合。

9. 产品市场不均衡将导致国民收入的变动:若 $I<S$,则________;若 $I>S$,则________。货币市场不均衡将导致利率变动:若 $L<M$,则________;若 $L>M$,则________。

10. 假设LM曲线不变,若IS曲线向右移动,则利率与国民收入的均衡组合________;若IS曲线向左移动,则利率与国民收入的均衡组合________。假设IS曲线不变,若LM曲线向右移动,则均衡利率________,均衡国民收入________;若LM曲线向左移动,则均衡利率________,均衡国民收入________。

五、计算题

1. 假定货币需求为 $L=0.2Y$,货币供给 $M=200$,消费 $C=90+0.8Y$,税收 $T=50$,投资 $I=140-5r$,政府支出 $G=10$,求:

(1) 均衡收入、利率和投资。若其他条件不变,政府支出 G 增加20,那么收入、利率和投资有什么变化?

(2) 是否存在"挤出效应"?

2. 假定某经济中的消费函数为:$C=0.8(1-t)Y$,税率 $t=0.25$,投资 $I=900-50r$,政府支出 $G=800$,货币需求 $L=0.25-62.5r$,实际货币供给 $M/P=500$,求:

(1) IS和LM曲线;

(2) 两个市场同时均衡时的利率和收入。

3. 两部门经济中,如果在初始年份是均衡的,国民收入为1 500亿元,现在:

(1) 每期投资增加100亿元,国民边际消费倾向为0.9,试问国民收入要达到多少亿元才能使国民经济恢复平衡?

(2) 如果不是每期投资都增加100亿元,而是每期消费增加100亿元,上述答案是否会变?如果每期消费增加150亿元呢?

4. 假设名义货币供给量为1000亿元,当价格水平上升10%和下降10%时,计算实际货币供给量的值。

5. 已知货币需求 $M_d/P=0.3Y+100-15r$,货币供给 $M_s=1\ 000$,$P=1$,请计算:当 M_s 增加到1 090时,LM曲线如何移动?移动多少?

六、简答题

1. 运用IS－LM模型分析均衡国民收入与利率的决定与变动。

2. LM曲线可划分为几个区域?其经济含义是什么?

3. 运用IS－LM模型分析产品市场和货币市场失衡的调整过程。

4. 运用IS－LM模型简要说明财政政策和货币政策变动对经济的影响。

5. IS－LM模型有哪些缺陷?

七、阅读与思考

阅读以下材料,联系实际情况,运用所学理论进行评析。

1929年中开始的那次经济萧条,对美国来说,是一次规模空前的灾难。在1933年,经济降低到最低点之前，以美元计算的国民收入减少了一半。总产量下降了1/3，失业人数上升到劳动力总数的25.6%这一空前水平。这次萧条对于世界其他地方也是一场灾难。萧条逐渐波及其他国家，各国的产量下降，失业人数增加，人民遭受饥饿和苦难。

一般认为，大萧条开始于1929年10月24日。那天是星期四，纽约的证券市场崩溃了，期间几上几下，最后证券价格在1933年跌到1929年水平的1/6。其实，在此之前，企业活动在1929年8月(即证券市场崩溃前两个月)就已达到了顶峰，到10月时已经大大减少了。崩溃反映了经济困难的不断增加，及无法维持的投机活动破产。当然，一旦发生崩溃，它就会在企业界人士和其他曾对新时代的到来寄予无限希望的人们中间散布忧虑。它使消费者和企业经营者都不愿花钱，而是增加他们的流动储备以备急需。

联邦储备系统的做法，更加重了证券市场崩溃所造成的影响，使危机进一步加深。当崩溃发生时，纽约联邦储备银行几乎是出于斯特朗时代养成的条件反射，立即自行买进政府公债，来缓和冲击。这使商业银行能够向证券市场上的公司提供额外的贷款，并从他们那里和其他受到崩溃的不利影响的公司那里买进证券，以缓和冲击。但是，斯特朗已经死了，联邦储备委员会想确立自己的领导地位，它迅速采取行动，要纽约联邦储备银行遵守纪律，后者屈服了。此外，联邦储备系统的做法同它在20世纪20年代早先的经济衰退中的做法大不一样了。它不是积极地放松银根，使货币供应量多于平时，以抵消收缩，而是在整个20世纪30年代中，听任货币供应量慢慢减少。在1930年末到1933年初的这段时间内，货币供应量减少了1/3，与此相比，1930年10月前货币数量减少的幅度仍显得很少，仅仅减少了2.6%，不过同以往相比这个幅度却很大。的确，同以往的衰退相比，无论是在衰退期还是在衰退以前，哪一次货币也没有减少这么多。

证券市场崩溃的余波和1930年间货币数量的缓慢减少，最终导致了一场相当严重的衰退。但是，直到1930年秋天，收缩虽然严重，却还没有发生银行业困难或向银行挤兑的情况。当中西部和南部一系列银行倒闭，破坏了人们对银行的信心并使人们广泛地想把存款变成通货时，衰退的性质就发生了剧烈的变化。

银行倒闭的浪潮最后蔓延到了全国的金融中心——纽约。1930年12月11日是一个非常关键的日子，那一天，美国银行关了门。这是直到那时为止美国历史上倒闭的最大一家银行，即限制付款。这种限制会比1930年最后几个月实际实行的要严厉得多，但是它会防止银行准备金的流失，也可能会防止后来1931年、1932年和1933年的银行大倒闭，正如1907年的限制很快就制止了当时的银行倒闭一样。联邦储备系统的存在阻止了银行采取这种激烈的治疗措施：直接的是因为大银行的担心减少了，它们相信向联邦储备系统借款可以使它们克服可能发生的困难，事实证明它们错了；间接的是因为整个社会特别是银行界相信，现在有联邦储备系统对付挤兑风潮，再也不需要采取这种严厉的措施了。

习题答案

一、单选题

1～5：AABAD　　6～10：DDBCB　　11～15：CCAAA　　16～20：AADAD
21～25：BCBAC　　26～30：BCCCB

二、判断题

1. √
2. ×
3. √
4. ×
5. √
6. √
7. ×
8. ×

三、名词解释

1. IS曲线是一条投资-储蓄曲线,是表示社会经济活动中产品市场均衡的曲线。它反映的是在产品市场上,当投资和储蓄相等时,利率和国民收入的关系。这条曲线上任何一点都代表一定的利率和国民收入的组合,在这样的组合下,投资和储蓄都是相等的,即 $I=S$,从而产品市场是均衡的,因此这条曲线称为IS曲线。

2. LM曲线是一条流动偏好-货币供给曲线,它表示在货币供给量一定,且货币供求均衡条件下,不同利息率与相应的产出水平组合点的轨迹。它反映的是在货币市场达到均衡,及货币需求与货币供给相等时,利息率和国民收入的关系。这条曲线上任何一个点都代表一定的利息率和国民收入的组合,在这样的组合下,货币需求和货币供给都是相等的,即 $L=M$,从而货币市场是均衡的,因此这条曲线称为LM曲线。

3. LM曲线的水平部分被称为"凯恩斯区域"或"萧条区域",也被称为"凯恩斯陷阱",表示如果利率一旦降低到这样的水平,当政府实行扩张性货币政策时,增加货币供给将既不能降低利率,也不能增加收入,货币政策会失效。相反,如果使用扩张性财政政策,使IS曲线向右移动,收入水平会在利率不发生变化的情况下提高,因而财政政策有很大效果。凯恩斯认为20世纪30年代大萧条时期西方国家的经济就是这种情况。在此区域,LM曲线斜率为零,实行货币政策无效,而财政政策有效。

4. LM曲线中,当利率上升到很高水平时,货币的投机需求量将等于零,LM是一条垂直线。这时,如果实行扩张性财政政策,使IS曲线向右移动,只会提高利率而不会使收入增加;如果实行扩张性货币政策,则不但会降低利率水平,还会提高收入水平。在此区域,LM曲线斜率为无穷大,实行货币政策有效,而财政政策无效。由于这一点符合古典学派及基于古典学派货币主义者的观点,因此这一区域也被称为"古典区域"。

5. 在"古典区域"和"凯恩斯区域"之间部分被称为"中间区域",在此区域,LM曲线斜率为正值。

6. IS曲线说明的是产品市场的均衡,LM曲线说明的是货币市场的均衡。但是只有当产品市场和货币市场同时均衡时,整个社会的经济才能够达到均衡。IS-LM模型将产品市场和货币市场结合起来,可运用IS曲线和LM曲线,分析研究两种市场如何同时达到均衡,以确定两种市场同时均衡时的利率和国民收入的组合。

四、填空题

1. 产品市场　投资　储蓄　利率　国民收入
2. 投资函数　储蓄函数　税收
3. 投资需求　储蓄意愿　政府购买　税收
4. 货币供给量　货币供求均衡　利息率与相应的产出水平
5. 货币的投机需求曲线　交易需求曲线
6. 凯恩斯区域　古典区域　中间区域
7. 名义货币供给量　价格水平
8. 产品市场　货币市场　利率和国民收入
9. 国民收入减少　国民收入增加　利率下降　利率上升
10. 增大　减小　下降　增加　上升　减少

五、简答题

1. 依据 IS－LM 模型，在 IS 曲线和 LM 曲线既定条件下，IS、LM 共同决定了产品市场与货币市场的同时均衡。如果 IS 与 LM 曲线移动了，则均衡国民收入和利息率就会发生相应的变化。IS 曲线的移动主要由消费、投资、政府支出和出口等因素的变动引起，LM 曲线的移动主要由货币供给量、物价水平和需求函数的变动等因素引起。IS 与 LM 曲线的新的交点将随 IS、LM 曲线变动的方向与程度的不同而不同。

2. LM 曲线可以划分为三个区域：垂直的 LM 曲线，古典的区域，意味着货币需求仅依赖于国民收入水平，不依赖于利率；水平的 LM 曲线，极端凯恩斯主义的情形，意味着经济处于流动陷阱中，此时货币政策无效；斜率为正的 LM 曲线，是一种正常的情形，货币需求既依赖于国民收入水平又依赖于利率。

3. 按照 IS－LM 模型的解释，当产品市场和货币市场同时达到均衡时，其均衡点正好处于 IS 曲线和 LM 曲线的交点上。任何偏离 IS 曲线和 LM 曲线交点的利息率和国民收入的组合，都不能达到产品市场和货币市场的同时均衡。

在实际中，若出现国民收入与利息率的组合在 IS 曲线的左下方，有 $I>S$，即存在对产品的超额需求；在 IS 曲线的右上方，有 $S>I$，即存在对产品的超额供给。若出现国民收入与利息率的组合点在 LM 曲线的左上方，有 $M>L$，即存在货币的超额供给；在 LM 曲线的右下方，有 $L>M$，即存在货币的超额需求。

当实际经济中出现以上失衡状态时，市场经济本身的力量将使失衡向均衡状况调整，直至恢复到均衡。当 $I>S$ 时，国民收入会增加；当 $I<S$ 时，国民收入会减少；当 $L>M$ 时，利息率会上升；$L<M$ 时，利息率会下降，调整结果会使两个市场同时达到均衡。

4. (1) IS 曲线是描述物品市场均衡，即当 $I=S$ 时，国民收入与利息率存在着反方向变动关系的曲线，LM 曲线是描述货币市场达到均衡，即当 $L=M$ 时，国民收入与利息率存在着同方向变动关系的曲线。

(2) 两个市场同时均衡，即当 $I=S, L=M$ 时，两条曲线的交点决定了国民收入和利息率。

(3) 扩张性的财政政策，比如政府支出增加，IS 曲线会向右上方移动，在 LM 曲线不变的条件下，国民收入增加，利息率上升；当扩张性的货币政策使货币供给量增加时，LM 曲线会向右下方移动,在 IS 曲线不变的条件下,国民收入增加,利息率下降。

5. (1) IS-LM 模型与简单凯恩斯模型一样,隐含着以供给价格弹性无限大为前提,也就是说,价格水平对总需求的影响在该影响中未加考虑。

(2) IS-LM 模型只是总需求分析,并没有考虑总供给对宏观经济的影响。

(3) IS-LM 未考虑开放经济的情况。

(4) IS-LM 模型难以解释经济的"滞胀"问题。

六、计算题

1. (1) 由 $Y=C+I+G$ 得 IS 曲线为:$Y=1\ 200-25r$;由 $L=M$ 得 LM 曲线为:$Y=1\ 000$;说明 LM 处于充分就业的古典区域,故均衡收入为 $Y=1\ 000$;联立 IS 和 LM 得到 $r=8$,$I=100$;同理得 $r=12$,$I=80$,Y 仍为 1 000。

(2) G 增加 20 使投资减少 20,存在挤出效应。说明政府支出增加时,只会提高利率和完全挤私人投资,而不会增加国民收入,这是一种古典情况。

2. (1) 由 $Y=C+I+G$ 得 IS 曲线为:$Y=4250-125r$;由 $L=M/P$ 得 LM 曲线为:$Y=2\ 000+250r$。

(2) 联立得 $r=6$;$Y=3\ 500$。

3. (1) 国民收入增加额$=100\times1/(1-0.9)=1\ 000$ 亿元,即国民收入要达到 2 500 亿元才能恢复国民经济均衡。

(2) 不会变。如果消费增加 150 亿元国民收入增加额为 1 500 亿元,即国民收入要达到 3 000亿元才能恢复国民经济均衡。

4. 当 P 上升 10%时,实际货币供给量为 909.1;当 P 下降 10%时,实际货币供给量为 1 111.1。

5. 当 M_s 增加到 1 090 时,LM 曲线向右移动,向右平行移动 300 个单位。

七、阅读与思考

案例解析:弗里德曼认为大危机并不是由于私人企业失败所造成,而是政府在一个从一开始就被赋予责任的领域里的失败造成的。货币危机是经济崩溃的原因还是结果呢?是联邦储备系统本来应该能够防止货币崩溃?还是像当时许多观察家所得到的结论那样,联邦储备系统已经做了最大努力,但货币崩溃仍然不可避免?弗里德曼认为货币崩溃既是经济崩溃的原因,也是它的结果。货币崩溃主要是联邦储备政策造成的,而它无疑加重了经济崩溃。经济崩溃一旦开始,又使货币崩溃恶化。银行贷款,在比较温和的衰退时期可能是"好的贷款",但到了经济严重崩溃时,就变成了"坏的贷款",拖欠偿付贷款,削弱了发放贷款的银行,更促使存款人开始向它挤兑,企业倒闭、产量下降、失业增加——都会加重不放心和担忧的感觉。把资产换成流动形式的货币,变换成最保险的货币通货,成为了广泛的愿望,"反馈"是经济制度的普遍特征。

第五章　宏观经济政策

提　要

1. 宏观经济政策的目标：一般来讲，宏观经济政策的目标有四种，即充分就业、物价稳定、经济持续均衡增长和国际收支平衡。本书没有专门的章节讲述就业问题，但这里尤其强调要对充分就业的概念有一个全面的理解。充分就业并不是百分之百的就业，充分就业并不排除像摩擦失业或自愿失业这样的失业。

2. 财政政策：所谓财政政策，是指一国政府为实现既定目标而改变财政收支的水平或结构的一系列方针措施的总和。财政政策的工具包括四种，支出方面有政府购买和政府转移支付两种，收入方面有税收和公债两种。政府购买和政府转移支付的增加（或减少）通常会引起经济的膨胀（或收缩），征税水平的提高（或降低）则会导致经济的收缩（或膨胀），公债发行可以为政府扩大财政支出提供支持，一般也会导致经济的扩张。财政政策发生作用的方式有两种：一种是财政的"自动稳定器"，因一国在税收、社会保障以及农产品价格支持等方面的一些制度能够自动稳定经济而得名；另一种是斟酌使用的或权衡性的财政政策，即政府遵照功能财政的预算思想，"逆经济风向行事"地对经济进行反方向调节，以稳定宏观经济的运行。

3. 货币政策：所谓货币政策，是指一国金融当局通过控制货币供应量以及通过货币供应量来调节利率，进而影响投资和整个经济以达到既定经济目标的方针和措施的总和。现代银行体系具有存款派生或货币创造的功能，中央银行可以借以控制货币的供给。主要的政策工具有三种，即中央银行可以用改变再贴现率、改变法定准备率和公开市场业务来实现货币供给的增加或减少。其中，公开市场业务是目前中央控制货币供给的最重要也是最常用的工具。

4. 自动稳定器：亦称内在稳定器，是指经济系统本身存在的一种会减少各种干扰国民收入冲击的机制，能够在经济繁荣时期自动抑制通胀，在经济衰退时期自动减轻萧条，无需政府采取任何行动，主要通过政府税收、转移支付支出的自动变化以及农产品价格维持制度得到发挥。

5. 斟酌使用的财政政策：由于自动稳定器的作用有限，特别是对于剧烈的经济波动，自动稳定器更是难以扭转，因此，为确保经济稳定，政府要审时度势，主动采取一些财政措施，即变动支出水平或税收以稳定总需求水平，使之接近物价稳定的充分就业水平，即为斟酌使用的财政政策。

6. 充分就业预算盈余：是指既定的政府预算在充分就业的国民收入水平及潜在的国民收入水平上所产生的政府预算盈余。如果这种盈余为负值，就是充分就业预算赤字。

7. 功能财政与公债：指以财政预算能否实现物价稳定、充分就业为目标，而不论预算是否盈余或赤字的积极性财政政策思想。功能财政的思想是对平衡预算思想的否定。公债，亦称国债，是政府为弥补财政预算赤字所欠下的债务。公债以发行范围划分为外债与内债。公债是政府弥补财政赤字的途径之一。发行公债有可能导致私人支出的下降，发生"挤出效应"，在中央银行发行公债的条件下,有可能导致增发货币,诱发通货膨胀。对公债的利弊,经济学家们一直有不同的意见。

8. 货币创造乘数:现代银行体系具有存款派生或货币创造的功能。所谓货币创造乘数是指货币供给量与基础货币量的比。公式如下:

$$k=\frac{r_c+1}{r_c+r_d+r_e}$$

式中:r_c,r_d,r_e 分别为现金存款比率、法定准备率和超额准备率。

9. 基础货币:是存款扩张的基础,等于商业银行的准备金总额加上非银行部门持有的通货。由于它会派生出货币,因此是一种高能量的或者说活动力强大的货币,故又称高能货币或强力货币。

10. 法定准备率:银行可以把吸收来的绝大部分存款用于贷款或购买短期债券等营利活动,只需留下一部分存款作为应付提款需要的准备金。在现代银行制度中,这种准备金在存款中应当占的比率是由政府规定的。这一比率称为法定准备率。按法定准备率提取的准备金称为法定准备金。

11. 贴现率:即中央银行对商业银行及其他金融机构的放款利率。

12. 公开市场业务:是指中央银行在金融市场上公开买卖政府债券以控制货币供给和利率的政策行为。

13. 影响财政政策效果的因素:财政政策效果是指政府支出或税收变化对国民收入变动的影响。从 IS-LM 模型看,当 LM 曲线的斜率不变时,曲线越陡峭,IS 曲线移动对国民收入变动的影响就越大;当 IS 曲线斜率不变时,LM 曲线越平坦,移动 IS 曲线的财政政策效果就越大,反之,效果就越小。

14. 挤出效应:指政府支出增加所引起的私人消费或投资降低的经济效应。在 IS-LM 模型中,若 LM 曲线不变,向右移动 IS 曲线,会引起利率的上升和国民收入的增加。但是,这一增加的国民收入小于不考虑货币市场的均衡(即 LM 曲线)或利率不变条件下的国民收入的增量,这两种情况下的国民收入增量之差,就是利率上升而引起的挤出效应。挤出效应的大小取决于支出乘数的大小、货币需求对收入变动的敏感程度、货币需求对利率变动的敏感程度、投资需求对利率变动的敏感程度等。其中,货币需求的利率敏感程度和投资需求的利率敏感程度是挤出效应大小的决定因素。挤出效应与货币的利率敏感程度负相关,与投资的利率敏感程度正相关。

15. 影响货币政策效果的因素:货币政策效果指货币供给量的变动对总需求的影响,从而对国民收入和就业造成的影响。从 IS-LM 模型看,货币政策的效果大小取决于 IS 曲线和 LM 曲线斜率大小。当 LM 曲线斜率不变时,IS 曲线越平缓,LM 曲线移动对国民收入变动的影响就越大;反之,IS 曲线越陡峭,LM 曲线移动对国民收入的影响就越小。当 IS 曲线斜率不变时,LM 曲线斜率越小,LM 曲线移动对国民收入变动的影响就愈小;反之,则愈大。

16. IS-LM 模型中的财政政策乘数效应:IS-LM 模型中的财政政策乘数指在实际货币供给量不变的条件下,政府支出的增加,在两种市场同时均衡时引起的国民收入变动的倍数,其公式为$\frac{\Delta Y}{\Delta G}=\frac{hK_e}{h+kK_ed}$,式中,$h$ 和 k 分别为货币需求对利率和收入变动的敏感程度,d 表示投资对利率变动的敏感程度,$K_e=\frac{1}{1-b}$,即自发支出乘数。由于利率变动对国民收入具有挤出效应，所以财政政策乘数的效果要小于政府支出乘数。财政政策乘数的大小受到政府支出乘数$\frac{1}{1-b}$、货币需求的利率敏感性h、投资需求的利率敏感性d以及货币需求的收入敏感性k的影响。正在LM曲线水平线（流动性陷阱）条件下，财政政策乘数等于政府购买支出乘数。

17. 货币政策乘数：货币政策乘数指当财政政策不变时，实际货币供给量的变化对均衡的国民收入变动的影响倍数。其公式为：$\frac{\Delta Y}{\Delta \overline{M}}=\frac{dK_e}{h+kdK_e}$（$K_e$为支出乘数）所以$\Delta Y=\Delta\overline{M}[dK_e/(h+kdK_e)]$。公式表明，在$K_e$，$d$，$k$不变的条件下，货币需求对利率变动敏感性愈大（即愈大），$\Delta Y/\Delta\overline{M}$就愈小，从而货币政策的效果就较小；如果$h$趋向于无穷大，则LM曲线为水平线，货币政策会毫无效果；如果h等于零，则LM曲线为垂直线，则$\frac{\Delta Y}{\Delta M}=1/K$，则货币政策完全有效。

18. 财政政策与货币政策效果的特例：这里有两种极端的情况，一种是凯恩斯主义的极端，此时IS垂直，LM水平；另一种是古典主义的极端，此时LM垂直，IS水平。在LM曲线为垂直的情况下，由于货币的需求与利率的变动不相关，当IS曲线向右移动时，均衡的利率上升，但收入不发生变化，存在着完全的挤出效应；如果LM曲线为水平线，即经济处于“流动性陷阱”状态，则不存在挤出效应，这时IS曲线移动对收入的改变十分明显，财政政策效果最大。在IS曲线为垂直线的情况下，财政政策完全有效，扩张性的财政政策不产生挤出效应，因为在这种情况下投资支出与利率的变动不相关。

当LM曲线为垂直线、IS曲线为水平线时，货币政策对收入的影响会出现特殊的情况。垂直的LM曲线意味着货币需求对利率的变动完全没有敏感性，货币余额的决定与利率变动无关，货币政策完全有效。当LM曲线为水平线时，存在“流动性陷阱”，货币供给不改变LM曲线的位置，因而利率和收入均不发生变化，移动LM曲线的货币政策完全无效。当IS曲线为垂直线时，投资支出与利率不相关。当LM曲线向右移动时，利率会下降，均衡的国民收入不变。这说明，货币政策可影响利率，但对国民收入的变动没有影响。

19. 财政政策和货币政策的混合使用：财政扩张会使GNP上升，也会使利率上升；货币扩张会使GNP上升，也会使利率下降，因此，把财政政策和货币政策混合使用可以出现GNP和利率变化的各种组合。两种方向的财政政策和货币政策可以有双松、双紧、松财政紧货币和紧财政松货币等不同的组合方式。

20. 凯恩斯主义极端：一般来说，LM曲线越平坦，或IS曲线越陡峭，则财政政策效果越大，货币政策效果越小；如果出现一种IS曲线为垂直线而LM曲线为水平线的情况，则财政政策将十分有效，而货币政策将完全无效。这即为凯恩斯主义的极端情况。

21. 古典主义极端：一般来说，LM曲线越陡峭，或IS曲线越平坦，货币政策效果越大，财政政策效果越小；如果出现IS曲线为水平线而LM曲线为垂直线的情况，则货币政策将十分有效，而财政政策将完全无效。这即古典主义的极端情况。

22. 货币幻觉：即人们不是对实际价值做出反应，而是对用货币来表示的价值做出反应。

习　题

一、单选题

1. 属于内在稳定器的项目是(　　)。
   A. 政府购买
   B. 税收
   C. 政府转移支付
   D. 政府公共工程支出
2. 属于紧缩性财政政策工具的是(　　)。
   A. 减少政府支出和减少税收
   B. 减少政府支出和增加税收
   C. 增加政府支出和减少税收
   D. 增加政府支出和增加税收
3. 如果存在通货膨胀缺口,应采取的财政政策是(　　)。
   A. 增加税收
   B. 减少税收
   C. 增加政府支出
   D. 增加转移支付
4. 经济中存在失业时,应采取的财政政策是(　　)。
   A. 增加政府支出
   B. 提高个人所得税
   C. 提高公司所得税
   D. 增加货币发行
5. 通常认为,紧缩货币的政策是(　　)。
   A. 中央银行买入政府债券
   B. 增加货币供给
   C. 降低法定准备金率
   D. 提高贴现率
6. 紧缩性货币政策的运用会导致(　　)。
   A. 减少货币供给量,降低利率
   B. 增加货币供给量,提高利率
   C. 减少货币供给量,提高利率
   D. 增加货币供给量,提高利率
7. 法定准备金率越高(　　)。
   A. 银行越愿意贷款
   B. 货币供给量越大
   C. 越有可能引发通货膨胀

D. 商业银行存款创造越困难

8. 对利率最敏感的是(　　)。

A. 货币的交易需求

B. 货币的谨慎需求

C. 货币的投机需求

D. 三种需求反应相同

9. 在下列哪种情况下，紧缩货币政策的有效性将削弱(　　)。

A. 实际利率很低

B. 名义利率很低

C. 实际利率很高

D. 名义利率很高

10. 在凯恩斯区域内(　　)。

A. 货币政策有效

B. 财政政策有效

C. 货币政策无效

D. 两种政策同样有效

11. 在古典区域内(　　)。

A. 货币政策有效

B. 财政政策有效

C. 货币政策无效

D. 两种政策同样有效

12. "双松政策"将使得国民收入(　　)。

A. 增加较多

B. 增加较少

C. 减少较多

D. 减少较少

13. "双紧政策"将使得利息率(　　)。

A. 提高

B. 下降

C. 不变

D. 不确定

14. "松货币紧财政"将使得利息率(　　)。

A. 提高很多

B. 提高很少

C. 下降很多

D. 下降很少

15. "松财政紧货币"将使得国民收入(　　)。

A. 增加

B. 减少

C. 不变

D. 不确定

16. 下列(　　)情况下,增加货币供给不会影响均衡收入。

A. LM 曲线陡峭而 IS 曲线平缓

B. LM 曲线垂直而 IS 曲线陡峭

C. LM 曲线平缓而 IS 曲线垂直

D. LM 曲线和 IS 曲线一样平缓

17. 下列(　　)情况下“挤出效应”可能很大 。

A. 货币需求对利率敏感,私人部门支出对利率不敏感

B. 货币需求对利率敏感,私人部门支出对利率也敏感

C. 货币需求对利率不敏感,私人部门支出对利率不敏感

D. 货币需求对利率不敏感,私人部门支出对利率敏感

18. 政府支出增加使 IS 右移 $k_g \cdot G$(k_g 是政府支出乘数,G 是政府购买支出),若要均衡收入变动接近于 IS 的移动量,则必须是(　　)。

A. LM 平缓而 IS 陡峭

B. LM 垂直而 IS 陡峭

C. LM 和 IS 一样平缓

D. LM 陡峭而 IS 平缓

19. “挤出效应”发生于(　　)。

A. 货币供给减少使利率提高,挤出了对利率敏感的私人部门支出

B. 私人部门增税,减少了私人部门的可支配收入和支出

C. 所得税的减少,提高了利率,挤出了对利率敏感的私人部门支出

D. 政府支出减少,引起消费支出下降

20. 在其他条件不变时,货币供应量的增加会使(　　)。

A. LM 曲线向左上方移动

B. IS 曲线向左上方移动

C. AS 曲线向右上方移动

D. AD 曲线向右上方移动

21. 曲线垂直,且总供给曲线是极端的凯恩斯形式的,此时扩张的财政政策会导致(　　)。

A. 产出和价格水平都提高

B. 产出和价格水平都不变

C. 产出提高,但价格水平不变

D. 产出不变,但价格水平提高

22. 有关财政和货币政策,下列说法正确的是(　　)。

A. 对控制结构性通货膨胀作用很小

B. 能有效控制结构性通货膨胀

C. 对抑制成本推进型的通货膨胀作用很大

D. 对控制需求拉动型通货膨胀无效

23. 扩张性财政政策对经济的影响是(　　)。

A. 缓和了经济萧条但增加了政府债务
B. 缓和了经济萧条也减轻了政府债务
C. 加剧了通货膨胀但减轻了政府债务
D. 缓和了通货膨胀但增加了政府债务

24. 如果中央银行设定了一个利率目标，并决定长期保持这个目标不变，那么（　　）。
A. 通货膨胀将能够被避免，因为中央银行总是能及时做出反应
B. 经济将迟早陷入衰退，因为中央银行没有为经济的增长提供充足的货币
C. 中央银行不再能控制货币供给，因为为了达到利率目标中央银行必须时时调整货币供给
D. 经济中的不稳定因素将会被消除

25. 以下哪种情况肯定会导致货币供给的增加（　　）。
A. 中央银行从居民手中购买政府债券
B. 一居民购买了某大型公司的债券
C. 政府购买增加
D. 某公司向公众增发股票，并用之扩大投资

26. 假定在一个没有政府及外贸的两部门经济中，储蓄函数表示为 $S=-200+0.1Y$，当自发投资水平减少 50 时，消费的变化量是（　　）。
A. －100
B. －150
C. －250
D. －450

27. 在凯恩斯陷阱区域内，财政政策的挤出效应（　　）。
A. 最大
B. 最小
C. 常数
D. 不确定

28. 假定其他条件不变，实行扩张性财政政策时，私人投资对利率反应越不敏感（　　）。
A“挤出效应”越大，财政政策效果越好
B. “挤出效应”越小，财政政策效果越好
C. “挤出效应”越大，财政政策效果越差
D. “挤出效应”越小，财政政策效果越差

29. 当政府同时采取紧缩性财政政策和扩张性货币政策，则（　　）。
A. IS 曲线左移，LM 曲线左移
B. IS 曲线右移，LM 曲线右移
C. IS 曲线左移，LM 曲线右移
D. IS 曲线右移，LM 曲线左移

二、判断题

1. 降低贴现率将增加银行的贷款意愿，同时导致债券价格下降。　（　　）

2. 内在稳定器能保持经济的稳定。 ( )

3. 中央银行与商业银行都可以与一般客户有借贷关系。 ( )

4. 商业银行体系所能创造出来的货币量与法定准备率成反比,与最初存款成正比。 ( )

5. 凯恩斯主义货币政策的目标是实现充分就业,而货币主义货币政策的目标是实现物价稳定。 ( )

6. 中央银行购买有价证券将引起货币供给量的减少。 ( )

7. 凯恩斯主义货币政策和货币主义货币政策是相同的,都是通过货币供给量来调节利率,通过利率来影响总需求。 ( )

8. 提高贴现率和准备率都可以减少货币供给量。 ( )

9. 中央银行购买政府债券将引起货币供给量的减少。 ( )

10. 假如政府支出和政府税收同时增加同样的数量,均衡国民收入不会发生变化。 ( )

11. 减税对国民收入的影响一般来说小于投资。 ( )

12. 扩张性财政政策对经济的影响是缓和了经济萧条但增加了政府债务。 ( )

13. 西方经济学家认为货币包括存款。 ( )

14. 在物价水平不变时,中央银行在公开市场上购买政府债券使 LM 曲线向右方移动。 ( )

15. 根据“自动稳定器”的原理,边际税率越高,国民收入就越稳定。 ( )

16. 充分就业是政府宏观经济政策的目标之一。实行充分就业就是要达到百分之百就业。 ( )

17. 凯恩斯主义认为货币政策的作用是扩张的货币政策使股票和长期债券价格上升,人们会消费更多,使总需求增加。 ( )

18. 如果持久的减税没有伴随政府支出而减少,则通货膨胀率会上升。 ( )

三、名词解释

1. 挤出效应
2. 宏观经济目标
3. 充分就业
4. 财政政策
5. 货币政策
6. 自动稳定器
7. 货币创造乘数
8. 基础货币
9. 法定准备金率
10. 公开市场业务
11. 再贴现率

四、填空题

1. 在宏观经济政策工具中,常用的有________政策和________政策。

2. 商业银行体系所能创造出来的货币量与法定准备率成________比，与最初存款成________比。

3. 衡量通货膨胀的指标是________。

4. 扩张性财政政策包括________，紧缩性财政政策包括________。

5. 财政政策的主要内容包括________与________。

6. 功能财政思想主张财政预算不在于追求政府收支平衡，而在于追求________。

7. 由于货币创造乘数的作用，法定存款准备率越大，乘数就________，因而派生的货币供给量________。

8. 中央银行控制货币供给量的工具主要是：________、________以及________。这些政策也称为货币政策工具。

9. 宏观经济政策应该的目标是________，为此要同时达到四个目标：________、________、________、________，如果考虑到开放经济还应该包括________与________。

10. 具有内在稳定器作用的财政政策，主要是________、________以及________。

11. 凯恩斯主义货币政策的直接目标是________，最终目标是________。

12. 在 LM 曲线不变的情况下，自发总支出增加，IS 曲线向________移动，从而国内生产总值________，利率________；在 IS 曲线不变的情况下，货币量增加，LM 曲线向________移动，从而国内生产总值________，利率________。

13. 中央银行规定的银行所保持的最低资金与存款的比率称为________。

14. 某银行吸收存款 500 万元，按规定应预留 100 万元作为准备金，这是法定准备金率为________，通过银行信贷活动，可以创造的货币额为________万元。

15. 简单货币乘数实际上就是________的倒数。

16. 公开市场业务就是中央银行在金融市场上买入或卖出________。

17. 货币乘数就是________与________两者之间的比例。

18. 在经济萧条时期，应该采用________的货币政策，在经济繁荣时期，应该采用________的货币政策。

19. 财政政策挤出效应的最重要的原因就是________引起利率上升，而利率上升会引起________和________减少。

20. 财政政策中的政府支出包括________和________以及________，政府税收主要是________、________以及________。

五、计算题

1. 设消费函数 $C=100+00.75Y$，投资函数 $I=20-3r$，货币的需求 $L=0.2Y-0.5r$，货币供给 $M=50$。求：

（1）IS 和 LM 曲线的函数表达式；

（2）均衡产出和均衡利率；

（3）若政府购买增加 50，求政策效应。

（4）计算挤出效应。

2. 假定某银行吸收存款 100 万元，按规定要留准备金 15 万元，计算：

（1）准备率为多少？

(2) 能创造出多少货币?

(3) 如果准备金增至25万元,能创造多少货币?

3. 假设货币需求为 $L=0.2y$,货币供给量为200, $C=90+0.8y_d$, $t=50$, $i=140-5r$, $g=50$。

(1) 导出IS和LM方程,求均衡收入、利率和投资;

(2) 若其他情况不变, 增加20亿美元,均衡收入、利率和投资各为多少?

(3) 是否存在"挤出效应"?

(4) 用草图表示上述情况。

六、简答题

1. 在价格不变的条件下,为什么增加货币供给会使利率下降?

2. 扩张财政对萧条经济会产生怎样的影响?

3. 货币政策效果与LM曲线的斜率(假设 k 不变,LM曲线的斜率变化仅取决于 h)有什么关系? 请画图说明,并从经济传导机制上作出简要解释。

4. 财政政策效果与IS曲线的斜率(假设边际消费倾向不变,IS曲线的斜率变化仅取决于 d)有什么关系? 请画图说明,并从经济传导机制上作出简要解释。

5. 如果社会已是充分就业,现在政府想要改变总需求的构成,增加私人投资和减少消费,但总需求不许超过充分就业水平,那么需要什么样的政策混合? 运用IS-LM图形表达您的政策建议。

6. IS曲线和LM曲线怎样移动才能使收入增加而利率不变? 什么样的财政政策和货币政策混合才能做到这一点?

七、阅读与思考

阅读以下材料,联系实际情况,运用所学理论进行评析。

自20世纪80年代以来,预算赤字一直是美国经济的一个长期问题。当里根总统在1981年入主白宫时,他承诺要缩小政府开支并减税。但他发现减少政府支出在政治上比减税困难,结果就开始了大量预算赤字的时期,预算赤字不仅在里根时期持续,而且还持续到乔治·布什和克林顿时期。表5-1反映了20世纪80年代以来美国各种储蓄衡量指标的变化。80年代开始时,美国政府开始有巨额预算赤字,公共储蓄占GDP的百分比下降了2.4%。同时私人储蓄略有下降,国民储蓄下降了约2.9%。

表5-1 美国经济中各种储蓄占GDP的比重

项 目	符 号	1960—1980年	1982—1994年	变动的百分比
公共储蓄	T-G	0.8	−1.6	−2.4
私人储蓄	Y-T-C	16.1	15.7	−0.4
国民储蓄	Y-C-G	16.9	14.0	−2.9

注:以上数据根据通货膨胀率做了调整。资料来源:美国商务部。

问题:

(1) 扩张性财政政策对美国这样一个开放经济体并采用浮动汇率的大国的短期影响是怎

样的？

（2）一国有哪些途径可以提高储蓄率？请评价这些政策。

习题答案

一、单选题

1～5:CBAAD　6～10:CDCAB　11～15:AADCD　16～20:DADBD
21～25:BAACA　26～29:DBBC

二、判断题

1. ×
2. ×
3. ×
4. √
5. √
6. ×
7. ×
8. √
9. ×
10. ×
11. √
12. √
13. √
14. √
15. ×
16. ×
17. ×
18. ×

三、名词解释

1. 挤出效应:指政府支出增加所引起的私人消费或投资降低的经济效应(如图 5-1 所示)。

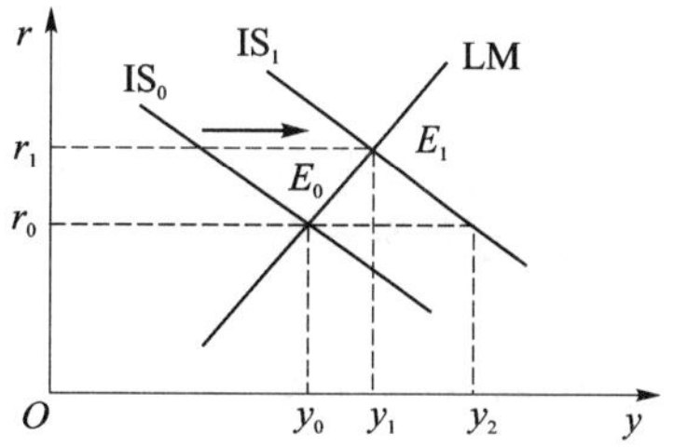

图 5-1　挤出效应

2. 宏观经济目标:充分就业、物价稳定、经济增长、国际收支平衡。

3. 充分就业:指的是工作机会与失业人口数量相同的状态。

4. 财政政策:政府变动税收和支出以便影响总需求进而影响就业和国民收入的政策。

5. 货币政策:政府货币当局即中央银行通过银行体系变动货币供给量来调节总需求的政策。

6. 自动稳定器(内在稳定器):指经济系统本身存在的一种会减少各种干扰对国民收入冲击的机制,能够在经济繁荣时期自动抑制通胀,在经济衰退时期自动减轻萧条,无须政府采取任何行动。

7. 货币创造乘数:现代银行体系具有存款派生或货币创造的功能。所谓货币创造乘数是指货币供给量与基础货币量的比。公式如下:

$$k=\frac{r_c+1}{r_c+r_d+r_e}$$

式中:r_c,r_d,r_e 分别为现金存款比率、法定准备率和超额准备率。

8. 基础货币:商业银行的准备金总额(包括法定的和超额的)加上非银行部门持有的通货(硬币和纸币)。(由于它会派生出货币,因此是一种高能量的或者说是活动力强大的货币,故又称高能货币或强力货币)。

9. 法定准备金率:中央银行对商业银行吸收的存款规定一个最低限度的准备金为法定准备金,法定准备金占银行全部存款的比率成为法定准备金率。法定准备金率指以法律规定的商业银行对于存款所必须保持的准备金的比例。

10. 公开市场业务:是指中央银行通过买进或卖出有价证券,吞吐基础货币,调节货币供应量的活动。

11. 再贴现率:是商业银行将其贴现的未到期票据向中央银行申请再贴现时的预扣利率。

四、填空题

1. 需求管理　供给管理
2. 反　正
3. 物价指数
4. 增加政府支出和减少税收　减少政府支出和增加税收
5. 政府支出　税收
6. 无通货膨胀的充分就业
7. 越小　越少
8. 公开市场活动　贴现政策　准备金率政策
9. 实现经济稳定　充分就业　物价稳定　减少经济波动　实现经济增长　国际收支平衡　汇率稳定
10. 个人所得税　公司所得税　转移支付
11. 利率　总需求的变动
12. 右上方　增加　上升　右下方　增加　下降
13. 法定准备金率
14. 20%　2 500
15. 法定准备金率
16. 有价证券
17. 货币供给量　基础货币

18. 扩张性　紧缩性

19. 政府支出增加　私人投资　消费

20. 政府公共工程支出　政府购买　转移支出　个人所得税　公司所得税　其他税收

五、计算题

1. (1) 由 $Y=C+I$ 得 IS 曲线为：$Y=480-8r$；由 $L=M$ 得 LM 曲线为：$r=-100+0.4Y$。

(2) 联立上述两个方程得均衡产出为 $Y=305$；均衡利率为 $r=22$。

(3) 将政府购买增加 50 代入 IS 曲线。因为乘数是 4，实际代入 200，即：IS 曲线为：再联立得均衡产出 $Y=352$，产出增加 47；均衡利率 $r=41$，利率提高 19%。

(4) 计算政府购买增加 50 而利率仍为 22 时的均衡产出为：$Y=504$；均衡产出增加：$504-305=199$。这是利率不变时的政策效应。而上述已计算了利率提高后的效应为 47。由此，挤出效应为：$199-47=152$。

2. (1) 15%。

(2) 667 万元。

(3) 400 万元。

3. (1) $L=M$，$0.2Y=200$，$Y=1\ 000$(LM 方程)。

由 $I+g=s+t$ 得 $140-5r+50=Y_d-90-0.8Y_d+50$ 得 $Y=1\ 150-25r$(IS 方程)。

由 IS = LM 得 $Y=1\ 000$，$r=8$ 代入 $I=140-5r=140-5\times 8$ 得 $I=100$。

(2) 当 $g=70$ 美元时，得出 $Y=1\ 300-25r$(IS 方程)。

IS=LM 得 $Y=1\ 000r=12$，代入 $I=140-5r=140-5\times 12=80$ 得 $I=80$。

(3) 存在挤出效应，因为 LM 垂直于横轴，即货币需求对利率弹性(h)为零，利率已高到人们再不愿为投机而持有货币了。政府支出的任何增加都将伴随有私人投资的等量减少，政府支出对私人投资 I 的“挤出”是完全的。

(4) 此时 LM 是完全垂直的，货币政策完全有效，财政政策完全无效如图 5-2 所示。

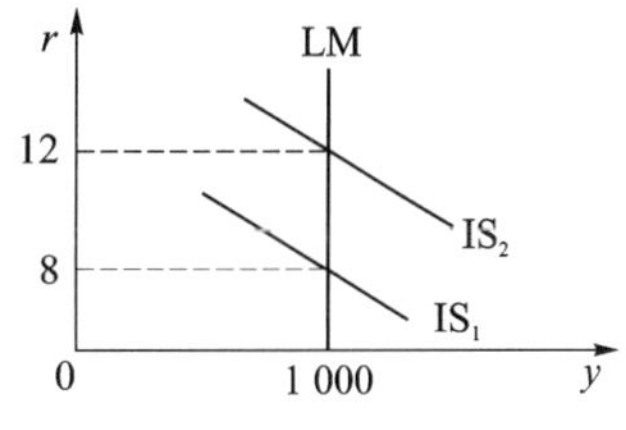

图 5-2　IS-LM 曲线图

六、简答题

1. 在一定利率和价格水平上，私人部门持有货币和非流动性金融资产的数量会保持一定比例。增加货币供给会打破这一比例，使人们手中持有的货币比他们愿意持有的货币多一些，因而会增加购买一些金融资产，以恢复他们希望有的资产组合比例。在债券供给量不变的情况下，这会使债券价格上升，即利率下降。这里价格不变条件很重要，因为如果增加货币供给量时价格也随之上升，则货币需求会增加，增加的货币供给可能会被价格上升所吸收，人们就可能不再多出货币去买债券，于是利率可能不会下降。

2. 当经济萧条时，扩张性财政政策会使收入水平增加。一方面，扩张性财政政策本身意味着总需求扩张，另一方面，通过乘数的作用，扩张性财政政策会导致消费者需求增加，因此，总需求进一步扩张。当然，在扩张财政时，由于货币供给不变，利息率会提高。这样，投资需求会有一定程度的下降。在一般情况下，扩张性财政政策的产出效应大于挤出效应，最终结果是扩张性财政政策导致国民收入增加。

3. 货币政策效果与LM曲线的斜率成正向关系。(1) 当IS斜率不变，LM越平坦即斜率越小，货币政策效果越小；LM曲线越陡峭即斜率越大，货币政策效果越大。原因：LM较平坦，表示货币需求受利率的影响较大，即利率稍有变动就会使货币需求变动很多，因而货币供给量变动对利率变动的作用较小，从而增加货币供给量的货币政策就不会对投资和国民收入有较大影响；反之，若LM较陡峭，表示货币需求受利率的影响较小，即货币供给量稍有增加就会使利率下降很多，因而对投资和国民收入有较多的增加，即货币政策的效果好(见图5-3)。一项扩张的货币政策如果能使利率下降较多(对应的是LM较陡)，货币政策效果就较强；极端情形：古典主义的极端情况。(2) 其他条件一定，① 因为 h 大，LM平缓，Δr 小，ΔI 小，所以 k_m 小；② 因为 h 小，LM陡峭，Δr 大，ΔI 大，所以 k_m 大。

4. IS曲线斜率的绝对值与财政政策效果成正向关系。

(1) 当LM曲线斜率不变时，IS曲线斜率(注意为负值)越小亦即IS曲线越陡峭，财政政策效果越明显；IS曲线斜率越大亦即IS曲线越平坦，财政政策效果越不明显。

原因：IS斜率大小主要是由投资的利率系数(d)决定，IS越平坦，则投资的利率系数越大，即利率变动一定幅度所引起的投资变动幅度越大。若投资对利率变动的反应较敏感，则当一项扩张性财政政策使利率上升时，会使私人投资下降很多，挤出效应较大。只有当一项扩张性财政政策导致利率上升，而利率上升对投资影响较小(对应的是IS曲线越陡峭)时，它才会对总需求有较强大的效果(见图5-4)。比如极端情形：凯恩斯主义的极端情况，财政政策效果最好。

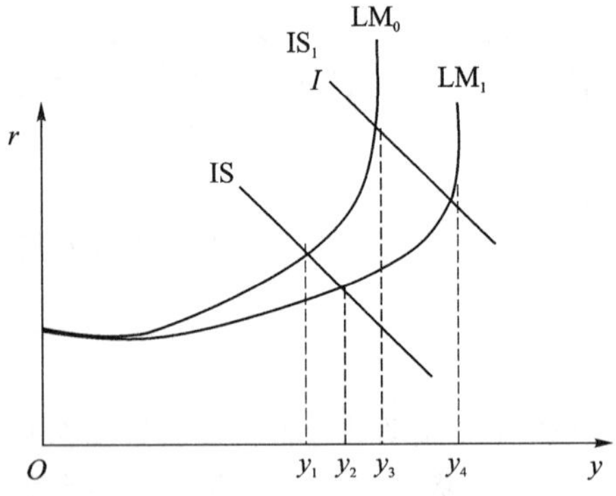

图5-3 货币政策效果

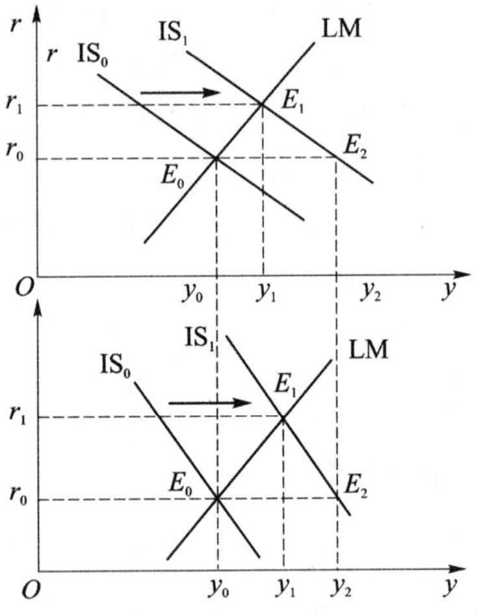

图5-4 财政政策效果

(2) 其他条件一定，① 因为 d 大，IS平缓，Δi 大，挤出效应大，所以 k_F 小。② 因为 d 小，IS陡峭，ΔI 小，挤出效应小，所以 k_F 大。

$$k_F = \frac{dy^*}{dg} = \frac{1}{[1-\beta(1-t)]+\frac{dk}{h}}$$

5. 如果社会已是充分就业，为了保持充分就业水平的国民收入不变，增加私人部门的投资，则可采用扩大货币供给和增加税收的货币政策和财政政策的组合。前者可使LM向右移动，导致利率 r 下降，以增加私人部门对利率具有敏感性的投资支出和国民收入，为了抵消国民收入增加超过潜在国民收入的状况，政府应配合以增加税收的紧缩性财政政策。因为当税收增加时，人们可支配收入会减少，从而消费支出相应减少，这使 IS 曲线左移，使总需求下降，从而使国民收入水平下降。政府税收增加的幅度以国民收入正好回到潜在的国民收入为限。

在图中 Y_1 为充分就业的国民收入，政府增加货币供给使 LM_1 移至 LM_2，利率由 r_1 降至 r_2，与此同时，政府采用紧缩性财政政策使 IS_1 左移至 IS_2，国民收入维持在 Y_1 水平。在上述行为中，私人投资增加了，那么消费部门相应地下降了。

6. 一般而言，如果仅仅采用扩张性财政政策，即 LM 曲线不变，而向右移动 IS 曲线，则会导致利率上升和国民收入的增加；如果仅仅采用扩张性货币政策，即 IS 曲线不变，而向右移动 LM 曲线，则会降低利率和增加国民收入。考虑到 IS 曲线和 LM 曲线的上述移动特点，如果使 IS、LM 曲线同方向和同等幅度地向右移动，可以使收入增加而利率不变。图 5－5 描述了这一情况，通过 IS_1 曲线向右移动至 IS_2，使收入从 Y_1 增加至 Y_2，利率由 r_1 上升至 r_2，但与此同时向右移动 LM 曲线，从 LM_1 移至 LM_2，使利率从 r_2 下降至 r_0 以抵消 IS 曲线右移所引起的利率上升而产生的“挤出效应”，使国民收入更进一步向右移动至 Y_3。上述分析说明，松紧不同的财政政策和货币政策需要相互搭配使用(相机抉择)。在本题中，是松的财政政策和松的货币政策的混合使用，一方面采用扩张性财政政策增加总需求；另一方面采用扩张性货币政策降低利率，减少“挤出效应”，使经济得以迅速复苏、高涨。

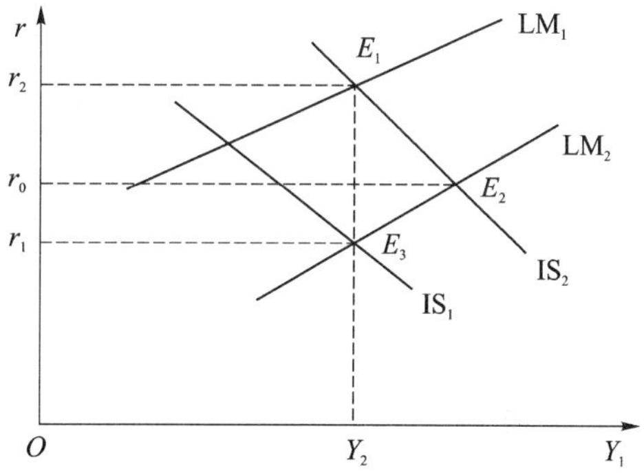

图 5－5　混合政策的选择

七、阅读与思考

对于实行浮动汇率制度的大国开放经济，扩张性货币政策使 LM 曲线右移，与 IS_1 在 B 点相交，出现了国际收支逆差。这意味着外汇市场上对外币的需求增加，导致本币汇率下降，净出口增加。于是，IS 曲线右移，直到与 LM_2 相交于 C 点。利率上升，产出增加(如图 5－6 所示)。

如果一个国家要通过经济政策影响国民储蓄率，那么有两个主要途径，一是增加公共储蓄，二是鼓励私人储蓄。

财政盈余就是公共储蓄，它会减少国家债务和促进投资。预算赤字是负的公共储蓄，会挤出投资，导致资本存量减少，是留给后代的国家债务负担。公共储蓄是由国家政策直接控制的，因此在理论上更容易控制，但实际上也受到各方面力量的影响和制约。

许多政府政策能够提高或降低私人储蓄

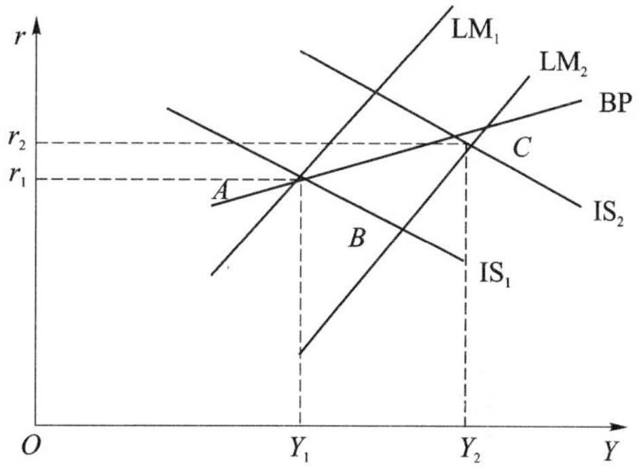

图 5－6　开放经济下的货币政策

和投资的回报率,因此会影响私人储蓄和投资的水平,如改变存款利率、提高或降低资本收益的税率等,也会增加或减少储蓄的实际回报率,因此都会促进或抑制储蓄,实际效果很难预测。

而且,提高储蓄率的方法促进经济增长,效果只是短期的。长期而言,由于经济最终会进入一个稳定状态,由储蓄率政策导致的经济增长终将消失。要实现长期可持续的经济增长,必须从别的方面想办法,实现人均意义上的持续增长的根本方法是技术进步,不断提高生产效率。

第六章　总需求-总供给模型

提　要

1. 总需求曲线是在每一种可能的既定物价水平下，所有市场参与者愿意并且能够购买的产品和劳务的总和。这里强调的是对所有物品和劳务的总体需求，即非单个产品或单个参与者的需求。消费(C)、投资(I)、政府购买(G)以及净出口(NX)中的每一个部分都对商品的总需求做出了贡献，因此 AD＝real GDP＝$C+I+G+$NX。

2. 财产效应就是物价水平变动通过对实际财产的影响而影响消费。当物价水平下降时，实际财产增加，人们感到更富裕，从而消费增加。当物价水平上升时，实际财产减少，从而消费减少。

3. 当物价水平下降时，家庭会通过各种方式将盈余的货币借出(如购买债券或存入储蓄账户)，以减少货币持有量。这样，债券市场的资金供给就会增加，银行发放的贷款也会更多，这将会导致利率的下降。而较低的利率又鼓励更多的投资行为，从而也就增加了对物品与劳务的需求量。反之，当物价水平上升时，利率也将上升，从而抑制投资行为，从而减少了对物品和劳务的需求量，这就是利率效应。

4. 总需求函数被定义为以产量(国民收入)所表示的需求总量和价格水平之间的关系，它表示在某个特定的价格水平下，经济社会需要多高水平的产量。

5. 导致总需求曲线移动的因素可为以下几种：预期、政府政策、世界经济等。

6. 总供给是指在每一种可能的物价水平下，所有市场参与者愿意并能够提供的产品和劳务总量，因此，总供给曲线反映了价格总水平和总供给量之间的关系。

7. 总供给曲线的移动也分为长期和短期两种情况。长期总供给主要受人口(劳动力)、资本存量、技术以及制度等因素的影响，而除物价水平以外的其他因素的变动都会造成短期总供给曲线的移动。

8. 总需求曲线 AD 和总供给曲线 AS 相交的点，表示价格为 P_0 时，人们愿意并且能够购买的商品总量是 Y_f，而对应的在供给曲线上所有厂商准备出售的商品总量是 Y_f，因此，买卖双方愿意在这个物价水平上正好成交数量 Y_f，我们称之为短期宏观经济均衡；当实际 GDP 等于潜在 GDP，也就是说，当经济处于其长期总供给曲线时，就达到了长期宏观经济均衡。

习　题

一、单选题

1. 总需求曲线向右下方倾斜的原因在于(　　)。

　A. 国外需求与价格水平呈反方向变动的趋势

B. 消费需求与价格水平呈反方向变动的趋势

C. 投资需求与价格水平呈反方向变动的趋势

D. 以上几个因素都存在

2. 其他条件不变时,(　　)因素引起 AD 曲线左移。

A. 价格水平下降

B. 政府支出减少

C. 税收减少

D. 名义货币供给增加

3. 长期总供给曲线垂直的前提假定是(　　)。

A. 价格不变

B. 收入不变

C. 不存在货币幻觉

D. 生产函数不变

4. 假设已实现充分就业,且总供给曲线为一垂直线,当名义货币供给增加 20%时,(　　)。

A. 价格水平不变

B. 利率增加

C. 名义工资增加 20%

D. 实际货币供给增加 20%

5. 在新古典理论的总供给曲线分析中,如已实现充分就业,则名义货币供给增加时,(　　)。

A. 实际货币供给增加,且产出的组成发生改变

B. 对实际货币供给及产出的组成均无影响

C. 实际产出同比例增加

D. 利率降低,产出的组成发生改变

6. 假设已实现充分就业,且总供给曲线为正斜率,则政府支出减少会降低(　　)。

A. 产出和价格水平

B. 均衡的产出和实际工资水平

C. 均衡的产出和实际利率水平

D. 以上均有可能

7. 假设已实现充分就业,且总供给曲线为正斜率,则总需求曲线左移会降低(　　)。

A. 实际工资、就业量和实际产出

B. 名义工资、就业量和实际产出

C. 劳动生产率和实际产出

D. 劳动需求、就业量和实际工资

8. 下列说法中,正确的是(　　)。

A. 一般而言,在生产函数中所有投入要素的数量均可变动

B. 在有关总需求和总供给的研究中,常使用资本量不变的总量生产函数

C. 充分就业量即所有劳动力都得到工作时的总就业量

D. 在有关总需求和总供给的研究中,常使用就业量不变的总量生产函数

9. 总需求曲线是(　　)。
A. 一条向右下方倾斜的曲线
B. 一条垂直线
C. 一条向上倾斜的曲线
D. 通常是向右下方倾斜的一条曲线，但也可能是一条垂直线

10. 总供给通常是指(　　)。
A. 所有生产厂商所能生产的最大产出
B. 所有消费者愿意购买的购买量之和
C. 所有生产厂商愿意并且能够提供的总产出量
D. 政府能够让生产者提供的产品数量

11. 当总供给曲线为正斜率，单位原材料的实际成本增加时，总供给曲线会移向(　　)。
A. 右方，价格水平下降，实际产出增加
B. 左方，价格水平下降，实际产出增加
C. 右方，价格水平上升，实际产出减少
D. 左方，价格水平上升，实际产出减少

12. 总供给曲线是(　　)。
A. 一条向下倾斜的曲线
B. 一条垂直线或向上倾斜的曲线
C. 一条垂直线或向下倾斜的曲线
D. 始终向上倾斜的曲线

13. 得出短期总供给曲线的条件假设是(　　)。
A. 假定价格是不变的
B. 假定生产函数是不变的
C. 假定收入是不变的
D. 假定生产要素的价格特别是货币工资是不变的

14. 总供给曲线向上移动的可能原因是(　　)。
A. 工资提高
B. 价格提高
C. 技术进步
D. 需求增加

15. 在水平总供给曲线区域，决定总产出增加的主导力量是(　　)。
A. 总供给
B. 总需求
C. 工资
D. 技术

16. 若扩张总需求政策的产出效应最大，则表明总供给曲线是(　　)。
A. 水平的
B. 向右上方倾斜的
C. 垂直的

D. 难以确定

17. 水平的LM曲线表示(　　)。

A. 利息率对货币需求影响最大

B. 利息率对货币需求影响最小

C. 货币需求对利息率的影响最大

D. 货币需求对利息率的影响最小

18. 当(　　)时,总需求曲线较陡峭。

A. 私人部门支出对利率更敏感

B. 私人部门支出对利率不敏感

C. 支出乘数较小

D. 货币需求对利率更敏感

19. 工资下降将引起(　　)。

A. 短期、长期总供给曲线都向下移动

B. 短期、长期总供给曲线都向上移动

C. 短期向下移动,长期不变

D. 短期向上移动,长期不变

20. 根据总供求模型,扩张性货币政策能使价格水平(　　)。

A. 提高

B. 下降

C. 不变

D. 难以确定

二、判断题

1. 当名义货币供给不变时,价格水平的变动将引起总需求的变动。(　　)
2. 当IS-LM模型出现凯恩斯主义的极端情况时,AD曲线为一垂直线。(　　)
3. 财政政策通过对LM曲线位置的影响而影响AD曲线。(　　)
4. 货币政策通过对IS曲线位置的影响而影响AD曲线。(　　)
5. 名义货币供给量的增加将引起总需求曲线同比例的移动。(　　)
6. 总供给曲线同时反映了要素市场和产品市场的状态。(　　)
7. 短期总供给曲线即古典理论的总供给曲线。(　　)
8. 长期总供给曲线即潜在产量线。(　　)

三、名词解释

1. 总需求
2. 错觉理论
3. 粘性工资
4. 隐含合同
5. 长期宏观经济均衡

四、填空题

1. 对于一个开放经济体而言，商品的总需求包括消费、________、________和________四个部分。

2. 替代效应有两种，一种为跨期替代效应，另一种为________。

3. 在影响总需求的预期因素中，包括预期收入、________和________等。

4. 政府的宏观经济政策是影响总需求的一个非常重要的因素。按照对总需求的不同作用，政府宏观经济政策大致可以分为________和________两类。

5. 对于粘性工资，凯恩斯主义者又进一步解释了工资具有粘性的原因，主要包括以下方面：工会合同理论、________、________和________。

6. 一个社会长期总供给主要受人口（劳动力）________、________和________等因素的影响，因此，可以根据这些因素确定长期总供给曲线的位置。

五、简答题

1. 为什么总需求曲线向右下方倾斜？

2. 简述导致总需求曲线移动的几种因素。

3. 总供给-总需求模型的基本内容是什么？

4. 价格粘性对短期总供给曲线有什么影响？

六、计算题

1. 已知总需求曲线为 $Y_d=600-50P$，总供给函数为 $Y_s=500\ P$（单位：亿元）。

(1) 求供求均衡点。

(2) 如果总供给曲线不变，总需求增加 10%，求新的供求均衡点。

(3) 如果总需求曲线不变，总供给增加 10%，求新的供求均衡点。

(4) 求总需求曲线和总供给曲线同时变动后的供求均衡点。

2. 假设有一个经济社会是由三个部门构成的，消费函数 $C=20+0.8(Y-T)$，投资函数 $I=600-4\ 000\ r$，政府支出为 $G=420$，税收函数为 $T=100+0.25Y$，名义货币供给量为 $M_s=345$，货币需求函数为 $M_d=25+0.4Y-4\ 000r$。求：

(1) IS 曲线方程。

(2) 价格水平 $P=1$ 时，LM 曲线方程。

(3) 价格水平 $P=1$ 时，产品市场和货币市场同时均衡的利率和收入。

(4) 总需求曲线方程。

3. 设某经济体的总供给函数为 AS=600，总需求函数为 AD=800−50P。求：

(1) 均衡产量和均衡价格？

(2) 如果 AD 曲线斜率不变，均衡价格上升到 6，请写出新的总需求函数。

七、阅读与思考

阅读以下材料，结合日本当时的国情，运用所学的总需求理论，对这一案例进行评析。

20 世纪 90 年代，日本经济在多年迅速增长和极度繁荣之后持续衰退。由于日本经济的长期增长以及日本企业采用终身雇佣制度等因素,日本历史上的失业率是极低的,但这次失业率却从1990年的2%上升到1998年的4%。在1990年以前的20年中,日本的工业生产翻了一番,但1998年和1990年的GDP仍然一样,实际GDP停滞,有时甚至还下降。

在政府治理持续性经济衰退的过程中,日本经济出现了典型的零利率、负通货的经济局面。1995年9月,为了促进经济复苏,日本央行采取了把贴现率降到0.5%的超低利率政策;1999年2月,中央银行为进一步减轻企业利率负担和刺激国内消费,在维持贴现率不变的情况下,将短期利率从0.25%下降到0.15%;同年3月份以后,日本央行大规模发行超出市场需求的货币,促使市场利率基本降低到"零"。同期,日本的消费物价指数自1999年第三季度开始低于上年同期水平,1999年全年物价水平与上年持平,2000年负增长0.4%,2001年负增长0.9%。

可以说,日本为摆脱经济衰退采取了不少政策措施,但收效甚微。

习题答案

一、单选题

1～5:DDCCB　　6～10:DBBAC　　11～15:DBDAB　　16～20:AABCD

二、判断题

1. √
2. √
3. ×
4. ×
5. ×
6. √
7. ×
8. √

三、名词解释

1. 总需求:在每一种可能的既定物价水平下,所有市场参与者愿意并且能够购买的产品和劳务的总和。

2. 错觉理论:假设物价水平上升到高于预期水平。物价水平的上涨实际是各种物品与劳务价格都在上涨,但企业的决策者往往会更关注自己产品的价格,并没有注意到其他产品的价格也在上升,因而会错误地认为其产品的相对价格上涨了。他们会从中得出市场供不应求的乐观判断,从而增加生产,引起总供给增加。

3. 粘性工资:现实中名义工资的变动总是慢于劳动供求,这种名义工资变动的滞后性就是粘性工资。

4. 隐含合同:雇主和雇员都希望在一定时期内把名义工资相对地固定下来,而不随劳动供求关系的变化而随时调整,这样做对双方都有利,同时双方都为了一定的好处而放弃一些潜在的好处，这种情形被称为隐含合同。

5. 长期宏观经济均衡：当实际 GDP 等于潜在 GDP，也就是说，当经济处于长期总供给曲线时，就达到了长期宏观经济均衡。

四、填空题

1. 投资　政府购买　净出口
2. 开放替代效应
3. 预期利润率　预期通货膨胀
4. 扩张性政策　紧缩性政策
5. 隐含合同理论　效率工资　局内人、局外人理论
6. 资本存量　技术　制度

五、简答题

1. 所谓总需求是指整个经济社会在每一个价格水平下对产品和劳务的需求总量，它由消费需求、投资需求、政府支出和国外需求构成。在其他条件不变的情况下，当价格水平提高时，国民收入水平就下降；当价格水平下降时，国民收入水平就上升。总需求曲线向右下倾斜的机制在于：当价格水平上升时，将会同时打破产品市场和货币市场的均衡。在货币市场上，价格水平上升导致实际货币供给下降，从而使 LM 曲线向左移动，均衡利率水平上升，国民收入水平下降。在产品市场上，一方面由于利率水平上升造成投资需求下降，总需求随之下降；另一方面，价格水平的上升还导致人们的财富和劳动工作实际收入水平下降以及本国出口产品相对价格的提高，从而使人们的消费、需求下降，本国的出口、国外的需求减少，进口增加。这样，随着价格水平的上升，总需求水平会下降。

2. 导致总需求曲线移动的因素可列为以下几种：一是预期，包括预期收入、预期利润率、预期通货膨胀等。人们预期未来收入提高或预期利润率上升或预期通货膨胀率上升时，会增加他们当前的个人消费需求，从而增加总需求，使总需求曲线向右移动。反之则相反。二是政府政策。政府的宏观经济政策是影响总需求一个非常重要的因素，大致可以分为扩张性政策和紧缩性政策两类。三是世界经济，会通过各种渠道影响一国的总需求，其中主要体现在两个方面：汇率和外国收入的变动。

3. 总需求-总供给模型是把总需求曲线与总供给曲线结合在一起，以此来说明均衡总产出和价格水平的决定。总需求曲线上的点表示产品市场和货币市场同时达到均衡时，总产出与价格水平的各种不同组合。总供给曲线上的点则表示当劳动力市场达到均衡时，总产出与价格水平的各种不同组合。因此，当总需求等于总供给，即总需求曲线与总供给曲线相交时，交点所对应的总产出水平和价格水平就是使产品市场、货币市场、劳动力市场同时达到均衡时的总产出水平和价格水平。

三个市场同时处于均衡也意味着，此时由产品市场和货币市场均衡决定的总需求，恰好使劳动力市场均衡决定的就业量所生产出来的总产品完全实现转化。总需求-总供给模型不仅说明了在同时考虑三个市场均衡时总产出的决定，而且还说明了 IS－LM 模型所无法说明的价格水平的决定。

4. 价格粘性理论强调，有些物品与劳务的价格对经济状况变动的调整也是缓慢的，这在

一定程度上是因为价格的调整是有成本的，即所谓的菜单成本——包括印刷和分发目录的成本和改变价格标签所需要的时间。由于这些成本，短期中价格和工资可能都是具有“粘性”的。

假设经济中每个企业都根据它所预期的经济状况事先公布了它的价格。在价格公布之后，经济经历了未预期到的货币供给紧缩，这将降低长期的物价总水平。虽然一些企业根据经济情况的变动迅速降低了自己的价格，但还有一些企业不想引起额外的菜单成本，因此暂时不调整价格。由于这些滞后企业价格如此之高，所以它们的销售减少了。销售减少引起企业削减生产和就业。换句话说，由于并不是所有价格都根据变动的状况而迅速调整，未预期到的物价水平下降使一些企业的价格高于稳定水平，而这些高于稳定水平的价格压低了销售，并引起企业减少它所生产的物品与劳务量。

六、计算题

1. (1) 将需求方程 $Y_d=600-50P$ 和供给方程 $Y_s=500P$ 联立，解得

$$P=1.1,\ Y=550(\text{亿元})$$

(2) 当总需求增加10%后，新的总需求方程变为 $Y_d=660-55P$，将其与原供给方程 $Y_s=500P$ 联立，解得

$$P=1.19,\ Y=595(\text{亿元})$$

(3) 当总供给增加10%后，新的总供给方程变为 $Y_s=550P$，将其与原需求方程联立，解得

$$P=1,\ Y=550(\text{亿元})$$

(4) 当总需求曲线和总供给曲线同时增加时，将新的总需求方程 $Y_d=660-55P$ 和新的总供给方程 $Y_s=550P$ 联立，解得

$$P=1.1,\ Y=600(\text{亿元})$$

2. 解：(1) IS 曲线方程：由 $Y=C+I+G$，可以得

$$Y=960+0.6Y-4\ 000r$$

所以得到 IS：
$$Y=2\ 400-10\ 000r$$

(2) 又 LM 曲线为

$$25+0.4Y-4\ 000r=345/P$$

所以当价格水平 $P=1$ 时，LM：$345=25+0.4Y-4\ 000r$，即

$$Y=800+10\ 000r$$

(3) 当价格水平 $P=1$ 时，产品市场和货币市场同时均衡，所以 $Y=960+0.6Y-4\ 000r$，且 $Y=800+10\ 000r$。因此均衡时 $Y=1\ 600$，$r=0.08$。

(4) 联立 IS 曲线和 LM 曲线的方程，即 $Y=2\ 400-10\ 000r$，且 $345=25+0.4Y-4\ 000r$，所以 $Y=1\ 725/4P-1\ 043.75$。

3. (1) 由 $AS=600$，得 $Y=600$，又因为均衡条件 AD=AS，所以 $800-50P=600$，解得 $P=4$。

(2) 设新的总需求曲线为 $AD=X-50P$，所以 $X-50\times6=600$，即 $X=900$。所以 $AD=900-50P$。

七、阅读与思考

解题思路：本案例主要考察总需求问题。

解析:该案例较好地说明了凯恩斯理论中对萧条的解释。按照凯恩斯的宏观经济理论,总需求由消费、投资、政府购买和净出口四部分组成,这四个部分的减少都有可能使得总需求减少,从而使得有效需求不足。

第一,造成日本经济衰退的原因之一是消费支出减少。这部分首先归因于股票价格的大幅度下降。在日本,1998 年的股票价格不到 10 年前达到的顶尖水平的一半。其次和股市一样,日本的土地价格在 20 世纪 90 年代崩溃之前的 80 年代也是天文数字。当股市和土地价格崩溃后,日本公民看着自己的财富都消失了,必然会减少消费支出。

第二,造成日本经济衰退的另一个原因是投资支出减少。这部分归因于银行系统出现的信用危机。在 20 世纪 90 年代,随着泡沫经济的破灭,银行陷入困境,并加剧了经济活动的衰退,让企业的投资项目筹资更难,从而压低了投资需求。

第三,上述两部分的需求减少使得总需求不足。同时,在日本的经济衰退中,可以发现其经济产出明显减少,同时利率下降,这一事实说明,衰退的主要原因是 IS 曲线的紧缩性移动,这种移动既减少了收入又降低了利率。

无论如何,日本的经济衰退都是由于总需求不足引起的,而"解铃还须系铃人",办法还是要从总需求的扩张中去寻找。

第七章　失业与通货膨胀

提　要

1. 失业是指有劳动能力并且想工作的人找不到工作的社会现象，即指劳动的完全闲置状态。在美国，失业者是指那些失去工作，而且属于以下三种情况之一者：第一，寻找工作达四周的人；第二，暂时被解雇正在等待恢复工作的人；第三，正等待在四周之内到新工作岗位报到的人。

2. 一般而言，失业可以分为摩擦性失业、结构性失业和周期性失业。摩擦性失业是指由于需要时间寻找工作而引起的失业。结构性失业是指如果对一种劳动的需求上升，对另一种劳动的需求下降，而劳动的供给又未能及时地做出调整，由此产生的失业。结构性失业的特点是会出现劳动力的供给与劳动力的需求不匹配的情况。周期性失业是指经济波动中因需求下降而造成的失业，这种失业是由整个经济的总支出和总产出下降造成的，与经济周期有关。

3. 失业也可分为自愿失业和非自愿失业。自愿失业是指工人所要求得到的实际工资超过了其边际生产率，或不愿接受现行的工作条件而未被雇佣所造成的失业。这种失业在西方不被看成真正的失业。非自愿失业是指具有劳动能力并愿意按现工资率就业，但由于有效需求不足而找不到工作造成的失业。

4. 凯恩斯认为，如果非自愿失业已消除，仅存在摩擦性失业和自愿失业的话，就实现了充分就业。充分就业本意是指所有的人力、物力、财力都已得到充分利用的一种经济状态。但西方经济学中特别强调人力资源的作用，他们认为任何经济活动都是人与其他各种生产要素相互结合，共同发生作用的结果，因此他们推论，只要人有了工作，也就意味着其他各种生产要素得到了充分利用。从这个意义上说，充分就业是指想要工作的劳动者，没有多大困难就能找到按现行货币工资率付酬的一种经济状况。

5. 一般来说，用失业率来衡量失业的水平。失业率是指失业人口与劳动力人口的比率，是衡量失业水平的指标。自然失业率是指在没有货币因素干扰的情况下，让劳动市场和商品市场自发供求力量作用时，总需求和总供给处于均衡状态的失业率。

6. 根据奥肯定律，GDP 相对于其潜在值每下降 2 个百分点，失业率就大约会上升 1 个百分点。奥肯定律所揭示的 GDP 与失业率的关系对宏观经济政策制定有着重要的意义。当经济中的失业率高于自然失业率时，为了降低失业率使其达到自然失业率水平，每降低 1% 的失业率就要提高 2% 左右的产出增长率。

7. 在我们的生活中，大多数物品的价格倾向于一直在上升。通货膨胀不是指这种或那种商品及劳务的价值上升，而是指物价总水平的上升。物价总水平或一般物价水平是指所有商品和劳务交易价格总额的加权平均数。这个加权平均数，就是价格指数。

8. 通常用价格指数来衡量价格上涨的幅度，包括 GDP 折算指数、消费者价格指数和生产者价格指数。按照物价上升的速度，通货膨胀可以分为温和的通货膨胀、奔腾的通货膨胀和超级的通货膨胀。按照价格增长是否预期，通货膨胀可分为可预期的通货膨胀和不可预期的通货膨胀。

9. 在西方经济学界，通货膨胀的原因有三方面的解释。第一是货币数量论的解释，这种解释强调货币在通货膨胀过程中的重要性。根据这个理论，货币数量越多，物价水平就越高。经济中所得到的货币量决定了货币的价值，而且，货币量增长是通货膨胀的主要原因。第二是用总需求和总供给来解释，包括从需求的角度和供给的角度解释。需求拉动通货膨胀理论认为通货膨胀是总需求的过度增长所引起的，包括在为实现充分就业时的瓶颈式通货膨胀和充分就业时需求拉开的通货膨胀。成本推动通货膨胀理论认为通货膨胀是在没有超额需求的情况下，由于供给方面成本的提高所引起的一般价格水平持续和显著的上涨。第三是从经济结构因素变动的角度来说明通货膨胀的原因，即结构性通货膨胀，是指由于社会经济中各部门结构性因素变动导致各经济部门之间发展不平衡而引起的通货膨胀。

10. 通货膨胀降低了单位货币的购买力，增加了社会生产和生活成本，因此人民普遍厌恶通货膨胀。实际上，如果通货膨胀率相当稳定，而且人们可以完全预料，那么根据货币中性理论，通货膨胀对经济的影响就会很小。然而，在通货膨胀不能完全预期的情况下，由于人们无法准确地根据通货膨胀率来调整各种名义变量以及相应的经济行为，因此通货膨胀对收入再分配以及经济活动都将产生一定的影响。

11. 通货膨胀对收入再分配和经济效率具有影响。从收入再分配的角度，通货膨胀不利于靠固定货币收入维持生活的人，会引起债权人与债务人之间的收入再分配，并会增加纳税人的负担。从经济效率的角度，通货膨胀扭曲了价格信号，无法正常发挥价格杠杆调节经济的作用，并且使社会整体和它的所有成员增加了一种机会成本，比如菜单成本和皮鞋成本。

12. 一般来说，失业与通货膨胀之间的短期关系通常被称为菲利普斯曲线。菲利普斯曲线所反映的失业率与通货膨胀率之间的负相关关系，基本上符合20世纪50—60年代西方国家的实际情况。但是，20世纪60年代末以来各国的实践经验表明，除了短期之外，失业率和通货膨胀率之间并不存在这种简单地此消彼长的关系。向右下方倾斜的菲利普斯曲线只适用于短期的情况。

13. 长期菲利普斯曲线表示，在通货膨胀完全可以预期，失业率为自然失业率情况之下失业率与通货膨胀率的关系。弗里德曼认为，菲利普斯曲线所描述的通货膨胀率与失业率之间的交替关系只是一种短期现象，长期中并不存在。长期内，菲利普斯曲线变为一条从失业率水平出发的垂直线或正相关曲线，不论通货膨胀率上升多少都不能使失业率降下来，甚至失业率与通货膨胀率呈同方向变化，即通货膨胀率越高，失业率越高。

习　题

一、单选题

1. 失业率的计算是用(　　)。

   A. 失业工人的数量除以工人的数量

   B. 劳动力总量除以失业工人的数量

   C. 失业工人的数量除以劳动力总量

D. 就业工人的数量除以失业工人的数量

2. 自然失业率(　　)。

A. 恒为零

B. 是历史上最低限度水平的失业率

C. 恒定不变

D. 是经济处于潜在产出水平的失业率

3. (　　)不属于失业者。

A. 放假在家休养者

B. 调动工作的间歇在家修养者

C. 正在等待某项工作者

D. 刚进入劳动队伍未找到工作者

4. 下列关于自然失业率的说法正确的是(　　)。

A. 自然失业率是经济周期自然产生的失业

B. 自然失业率包含摩擦性失业

C. 自然失业率是历史上最低限度水平的失业率

D. 自然失业率与一国经济效率关系密切

5. 由于经济萧条而形成的失业,属于(　　)。

A. 永久性失业

B. 摩擦性失业

C. 周期性失业

D. 结构性失业

6. 某人由于钢铁行业的不景气而失去工作,这种失业属于(　　)。

A. 摩擦性失业

B. 结构性失业

C. 周期性失业

D. 永久性失业

7. 某人由于不愿接受现行的工资水平而造成的失业,称为(　　)。

A. 摩擦性失业

B. 结构性失业

C. 自愿性失业

D. 非自愿失业

8. (　　)会增加失业。

A. 退休工人的增加

B. 退休劳动力队伍人数的增加

C. 离开学校找工作的人数增加

D. 离开学校上学的人数增加

9. 在充分就业的情况下,下列(　　)因素不可能导致通货膨胀。

A. 进口价格上升

B. 劳动生产率不变但工资提高

C. 进口减少

D. 政府支出不变但税收减少

10. 当经济处于充分就业均衡状态时，政府支出的增加会使（　　）。

A. 总需求曲线右移一段时间

B. 总需求曲线永久右移

C. 总需求曲线和总供给曲线永久右移

D. 总需求曲线右移，在连续几个时期后，新的均衡位于更高的通货膨胀水平上

11. 最初经济处于充分就业均衡时，名义货币供给增长率的长期上升可能导致（　　）。

A. 总需求曲线左移和总供给曲线右移，使均衡水平位于更低的通货膨胀率和更高的产量水平上

B. 总需求曲线和总供给曲线右移，使均衡水平位于更高的通货膨胀率和更高的产量水平上

C. 总需求曲线和总供给曲线左移，使均衡水平位于更高的通货膨胀率和更低的产量水平上

D. 总需求曲线右移和总供给曲线左移，使均衡水平位于更高的通货膨胀率水平而产量不变

12. 下列人员中（　　）类属于失业人员。

A. 因病在家休养者

B. 半日工

C. 被老板解雇者

D. 对薪水不满意待业在家的大学毕业生

13. 以下对通货膨胀描述正确的是（　　）。

A. 货币发行量过多而引起的一般物价水平普遍持续的上涨是通货膨胀

B. 房屋价格的不断上涨，就是通货膨胀

C. 通货膨胀是价格水平的偶然上涨

D. 货币发行量过多导致的股票价格上涨就是通货膨胀

14. 如果经济已形成通货膨胀压力，但因价格管制物价没有上涨，则此时经济（　　）。

A. 不存在通货膨胀

B. 存在抑制的通货膨胀

C. 存在恶性的通货膨胀

D. 存在温和的通货膨胀

15. 某一国经济在 3 年中，货币增长速度为 8%，而实际国民收入增长速度为 10%，货币流通速度不变，这 3 年期间价格水平将（　　）。

A. 上升

B. 下降

C. 不变

D. 上下波动

16. 通货膨胀对收入和财富进行再分配的影响是指（　　）。

A. 造成收入结构的变化

B. 使收入普遍上升

C. 使债权人收入上升

D. 使收入普遍下降

17. (　　)两种情况不会同时产生。

A. 结构性失业和成本推动通货膨胀

B. 结构性失业和结构型通货膨胀

C. 摩擦性失业和需求拉上型通货膨胀

D. 需求不足的失业和需求拉上型通货膨胀

18. 垄断企业和寡头企业利用市场势力谋取过高利润所导致的通货膨胀,属于(　　)。

A. 成本推动通货膨胀

B. 结构性通货膨胀

C. 需求拉动通货膨胀

D. 需求结构通货膨胀

19. 菲利普斯曲线说明(　　)。

A. 通货膨胀由过度需求引起

B. 通货膨胀导致失业

C. 通货膨胀与失业率之间呈正相关

D. 通货膨胀与失业率之间呈负相关

20. 在下列引起通货膨胀的原因中,哪一个最可能是成本推进通货膨胀的原因(　　)。

A. 银行贷款的扩张

B. 预算赤字

C. 世界型商品价格的上涨

D. 投资率下降

21. 经济处于充分就业和通货膨胀的状态时,下面说法正确的是(　　)。

A. 在短期内降低政府支出会使经济的通货膨胀率一直持续下去

B. 在短期内降低名义货币供给的增长会降低通货膨胀率但不会影响产量

C. 在短期内降低名义货币供给的增长会降低通货膨胀率和产量水平

D. 在短期内降低政府支出会降低通货膨胀率但不影响产量

22. 长期菲利普斯曲线说明(　　)。

A. 通货膨胀和失业之间长期中不存在相互替代关系

B. 传统菲利普斯曲线在长期仍然有效

C. 在预期通货膨胀很高的情况下通货膨胀与失业之间仍存在替代关系

D. 预期通货膨胀不变,所以通货膨胀与失业之间不存在相互替代关系

23. 以下关于长期菲利普斯曲线说明,正确的是(　　)。

A. 政府需求管理政策无效

B. 政府需求管理政策只在一定范围内有效

C. 经济主体存在货币幻觉

D. 自然失业率可以变动

24. 根据(　　)的观点,传统的菲利普斯曲线所阐明的通货膨胀率和失业率之间的替代

关系是不存在的。

A. 凯恩斯主义

B. 货币主义

C. 供给学派

D. 理性预期学派

25. 理性预期是指(　　)。

A. 理性人的预期

B. 经济学家的预期

C. 在充分利用一切信息后对经济变量做的符合经济模型推断的预期

D. 在充分利用一切信息后预期,但也会犯系统的错误

26. 菲利普斯曲线说明(　　)。

A. 通货膨胀导致失业

B. 通货膨胀是由行业工会引起的

C. 通货膨胀与失业率之间呈负相关

D. 通货膨胀与失业率之间呈正相关

27. 长期菲利普斯曲线说明(　　)。

A. 政府需求管理政策无效

B. 政府需求管理政策只在一定范围内有效

C. 经济主体存在货币幻觉

D. 自然失业率可以变动

28. 如果货币工资率每小时 12 元,实际国民生产总值折算数为 150,那么,实际工资率就是(　　)。

A. 每小时 18 元

B. 每小时 12 元

C. 每小时 8 元

D. 每小时 6 元

29. 最有可能从通货膨胀中受损的是(　　)。

A. 厂商

B. 债务人

C. 债权人

D. 房地产所有者

30. 如果名义利率是 10%,通货膨胀率是 20%,则实际利率是(　　)。

A. 10%

B. −10%

C. 30%

D. −30%

二、判断题

1. 如果店主说:“可以提价,别愁卖不了,店门口排队争购的多着呢!”这属于成本类型的

通货膨胀。 ( )

2. 经济已达充分就业,扩张性财政政策使得价格水平提高。 ( )

3. 在充分就业、劳动生产率不变的情况下,若工资提高,则总产出提高。 ( )

4. 摩擦性失业是一种自愿性失业。 ( )

5. 失业持续的时间越长,失业频率越高,自然失业率就越高。 ( )

6. “通货膨胀随时随地都是一种货币现象”,这是凯恩斯学派的观点。 ( )

7. 收入政策主要是用来对付结构性通货膨胀的。 ( )

8. 失业率是指没有工作又正在寻找工作的人在总人口中所占的比例。 ( )

9. 高价格就是高通胀。 ( )

10. 货币学派认为,长期看来,通货膨胀率和失业率存在替代关系,政府可以通过货币政策降低失业率。 ( )

11. 通货膨胀意味着不同商品的价格按相同的比例上升。 ( )

12. 名义国内生产总值增长率等于实际国内生产总值增长率减通货膨胀率。 ( )

13. 用消费者物价指数、生产者物价指数和国内生产总值折算指数来说明物价水平时,其数值是相同的。 ( )

14. 工资上涨会导致消费增加,故可将工资推导型通货膨胀看作是一种需求拉动型通货膨胀。 ( )

15. 如果经济中实际通货膨胀低于预期通货膨胀率,那么,债务人受损,债权人受益。 ( )

16. 凡满足一定年龄范围(如16～65岁)的人都是劳动力。 ( )

17. 摩擦性失业和结构性失业不能严格区分开来。 ( )

18. 某人从学校毕业第一次寻找工作,在未找到工作之前,他属于摩擦性失业。 ( )

19. 奥肯定律描述了失业与通货膨胀之间的交替关系。 ( )

20. 菲利普斯曲线所表明的失业率与通货膨胀率的关系总是正确的。 ( )

三、名词解释

1. 失业
2. 摩擦性失业
3. 结构性失业
4. 周期型失业
5. 非自愿失业
6. 自然失业率
7. 奥肯定律
8. 通货膨胀
9. 价格指数
10. 菲利普斯曲线

四、填空题

1. 一般来说,用________来衡量失业的水平。

2. 失业可以分为________、________和________。

3. 结构性失业的特点是会出现劳动力的________与劳动力的________不匹配的情况。

4. 周期性失业指经济波动中因需求________而造成的失业，这种失业是由整个经济的总支出和总产出下降造成的，与________有关。

5. 自然失业率是指在没有货币因素干扰的情况下，让劳动市场和商品市场自发供求力量作用时，总需求和总供给处于________状态的失业率。

6. 失业率是指________与________的比率，是衡量失业水平的指标。

7. 在失业率既定的情况下，失业持续时间越短，说明劳动力流动越________，即流入与流出失业的速度越________。

8. 凯恩斯认为，如果________已消除，仅存在________和________的话，就实现了充分就业。

9. 奥肯定律是指 GDP 相对于其潜在值每下降________个百分点，失业率就大约会上升________个百分点。

10. 通货膨胀是指________的上升。

11. 通常用________来衡量价格上涨的幅度，包括________、________和________。

12. 按照________的速度，通货膨胀可以分为温和的通货膨胀、奔腾的通货膨胀和超级的通货膨胀。

13. 按照________，通货膨胀可分为可预期的通货膨胀和不可预期的通货膨胀。

14. 对于通货膨胀的原因，货币数量论认为货币数量越多，物价水平越________。

15. 通货膨胀对________和________有影响。

16. 从________的角度，通货膨胀不利于靠固定货币收入维持生活的人，会引起债权人与债务人之间的收入再分配，并会增加纳税人的负担。

17. 从经济效率的角度，通货膨胀扭曲了价格信号，无法正常发挥价格杠杆调节经济的作用，并且使社会整体和它的所有成员增加了一种机会成本，比如________和________。

18. 一般来说，________与________之间的短期关系通常被称为菲利普斯曲线。短期菲利普斯曲线是向________倾斜的。

19. 从长期来看，通货膨胀和失业率不存在负相关关系，菲利普斯曲线是一条________。

20. 长期菲利普斯曲线的政策含义是：扩张性财政货币政策只能在________使失业率降低到自然失业率之下，在________只会加剧通货膨胀。

五、计算题

1. 假定某国某时期有 1.9 亿达到工作年龄的人口，其中有 1.2 亿人有工作，1 千万人在寻找工作，1 500 百万人放弃寻求工作，4 500 百万人不要工作，试求：

(1) 劳动力人数。

(2) 劳动力参与率。

(3) 官方统计的失业率。

(4) 如果将所有因气馁而放弃工作的人也看作是失业者时的失业率。

2. 若价格水平在 1984 年为 107.9，1985 年为 111.5，1986 年为 114.5。试求：1985 年和 1986 年通货膨胀率各是多少？如果人们以前两年通货膨胀率的平均值作为第三年通货膨胀率的预期值,计算 1987 年的预期通货膨胀率。如果 1987 年的利率为 6%,计算该年的实际利率。

3. 设统计部门选用 A、B、C 三种商品来计算消费价格指数,所获数据如下表:

品　种	数　量	基期价格/元	本期价格/元
A	2	1.00	1.50
B	1	3.00	4.00
C	3	2.00	4.00

试计算 CPI 及通货膨胀率。

4. 假设货币流通速度和总产量(国民收入)分别为 5 和 1 000 万美元不变,在货币供给从 4 000 万美元减少到 3 000 万美元时,计算价格水平的变化。

5. 如果失业率与 GDP 之间满足奥肯定律:$(Y-Y_f)/Y_f=-3(\mu-\mu^*)$,其中 μ 是失业率,μ^* 是自然失业率,Y 是 GDP,Y_f 是潜在 GDP。又假定 2001—2004 年的失业率分别是 8%、4%、5%、6%。求:

(1) 当自然失业率为 6%时,2001—2004 年各年失业率所对应的 GDP 缺口。

(2) 比较四年实际 GDP 和潜在 GDP 的关系。

(3) 若 2003 年的实际 GDP 为 2 500 万亿元,计算当年的潜在 GDP 水平。

六、简答题

1. 摩擦性失业与结构性失业相比,哪一种失业问题更严重?

2. 说明短期菲利普斯曲线和长期菲利普斯曲线的关系。

3. 高价格和通货膨胀的区别是什么?

七、阅读与思考

20 世纪 90 年代,美国经济经历了历史上某种最低程度的通货膨胀率和失业率。例如,在 1999 年,失业率降低到 4.2%,而年通货膨胀率仅为 1.3%。按这两个重要的宏观经济变量来衡量,美国享有一个不寻常的繁荣时期。试对这一现象背后的原因做出分析。

习题答案

一、单选题

1～5:CDABC　　6～10:BCCBA　　11～15:DCABB　　16～20:ADADC

21～25:CAADC　　26～30:CACBB

二、判断题

1. ×

2. ×

3. ×
4. ×
5. √
6. ×
7. ×
8. ×
9. ×
10. ×
11. ×
12. ×
13. ×
14. ×
15. √
16. ×
17. √
18. √
19. ×
20. ×

三、名词解释

1. 失业：指有劳动能力并且想工作的人找不到工作的一种社会现象，即指劳动完全闲置状态。

2. 摩擦性失业：指由于需要时间寻找工作而引起的失业。

3. 结构性失业：指如果对一种劳动的需求上升，对另一种劳动的需求下降，而劳动的供给又未能及时地做出调整，由此产生的失业。

4. 周期型失业：指经济波动中因需求下降而造成的失业，这种失业是由整个经济的总支出和总产出下降造成的，与经济周期有关。

5. 非自愿失业：指具有劳动能力并愿意按现工资率就业，但由于有效需求不足而找不到工作造成的失业。

6. 自然失业率：指在没有货币因素干扰的情况下，让劳动市场和商品市场自发供求力量作用时，总需求和总供给处于均衡状态的失业率。

7. 奥肯定律：GDP 相对于其潜在值每下降 2 个百分点，失业率就大约会上升 1 个百分点。

8. 通货膨胀：指物价总水平的上升。

9. 价格指数：是指所有商品和劳务交易价格总额的加权平均数，这个加权平均数就是价格指数。

10. 菲利普斯曲线：一般来说，失业与通货膨胀之间的短期关系通常被称为菲利普斯曲线。

四、填空题

1. 失业率
2. 摩擦性失业　周期性失业　结构性失业
3. 供给　需求
4. 下降　经济周期
5. 均衡
6. 失业人口　劳动力人口
7. 大　快
8. 非自愿失业　摩擦性失业　自愿失业
9. 2　1
10. 物价总水平
11. 价格指数　GDP 折算指数　消费者价格指数　生产者价格指数
12. 物价上升
13. 价格增长是否预期
14. 高
15. 收入再分配　经济效率
16. 收入再分配
17. 菜单成本　皮鞋成本
18. 失业　通货膨胀　右下方
19. 垂直线
20. 短期　长期

五、计算题

1. (1) 就业人数加失业人数为劳动力人数,故劳动力人数为:1.2+0.1=1.3(亿)

(2) 劳动力占可工作年龄人口数的百分比为劳动力参与率,故劳动力参与率为:1.3/1.9=68.4%。

(3) 官方统计的失业率为:失业者(不包括因气馁而放弃工作的人)占劳动力的百分比,故失业率为:0.1/1.9=5.26%。

(4) 如果把气馁而放弃工作的人算作失业者,则失业率为:(0.1+0.15)/1.9=13.15%。

2. 1985 年的通货膨胀率为:$\pi_{1985}=\dfrac{P_{1985}-P_{1984}}{P_{1984}}\times 100\%=\dfrac{111.5-107.9}{107.9}\times 100\%=3.34\%$。

同理可得:$\pi_{1986}=2.69\%$。

1987 年的预期通货膨胀率为 $\pi_{1987}^{e}=\dfrac{\pi_{1985}+\pi_{1986}}{2}=\dfrac{3.34\%+2.69\%}{2}=3.015\%$。

1987 年的实际利率=名义利率-预期通货膨胀率=6%-3.015%=2.985%。

3. $\text{CPI}=\dfrac{1.50\times 2+4.00\times 1+4.00\times 3}{1.00\times 2+3.00\times 1+2.00\times 3}\times 100=173$。

通货膨胀率:[(173-100)/100]×100%=73%。

4. 当 $M_1=4\ 000$ 万美元时，$P_1=\dfrac{M_1V}{P}=\dfrac{4\ 000\times5}{1\ 000}=20$。

当 $M_2=3\ 000$ 万美元时，$P_2=\dfrac{M_2V}{P}=\dfrac{3\ 000\times5}{1\ 000}=15$。

因此价格的变化为：$\pi=\dfrac{P_2-P_1}{P_1}\times100\%=\dfrac{15-20}{20}\times100\%=-25\%$。

即价格水平下降 25%。

5. (1) 按照奥肯定律，在自然失业率为 6%的水平下，2001 年 GDP 缺口为：

$$(Y_{2001}-Y_f)/Y_f=-3\times(8\%-6\%)=-6\%$$

同理可计算 2002 年、2003 年、2004 年 GDP 缺口分别为 6%、3%、0%。

(2)由(1)可知，2001 年实际 GDP 低于潜在 GDP 水平，2002 年、2003 年实际 GDP 高于潜在 GDP 水平，2004 年缺口消除。

(3) 如果 2003 年实际 GDP 为 2 500 万亿元，由已知条件和奥肯定律可得：

$$\frac{2\ 500-Y_f}{Y_f}=-3\times(5\%-6\%)=0.03$$

解得 $Y_f=2\ 427.18$ 万亿元，即 2003 年潜在 GDP 水平为 2 427.18 万亿元。

六、简答题

1. 一般来说，结构性失业比摩擦性失业更严重。因为摩擦性失业是由于劳动力市场运行机制不完善或者因为经济变动过程中的工作转换而产生的失业。摩擦性失业的失业者都可以胜任可能获得的工作。增强失业服务机构的作用，增加就业信息，协助劳动者搬家等都有助于减少摩擦性失业。而结构性失业是由于经济结构变化、产业兴衰转移而造成的失业，是劳动力失衡造成的失业。一些部门需要劳动力，存在职位空缺，但失业者缺乏到这些部门和岗位就业的能力，而这种能力的培训需要一段较长的时间才能完成，所以结构性失业的问题更严重一些。

2. 货币主义者认为，在工资谈判中，工人们关心的是实际工资而不是货币工资。当货币膨胀率不太高，工人还没有形成新的通货膨胀预期的时候，失业与通货膨胀之间存在的替代关系就被称为短期的菲利普斯曲线。随着时间的推移，工人们发现他们的实际工资随物价的上涨而下降，就会要求雇主相应地增加货币工资，以补偿通货膨胀给自己造成的损失。由于工人不断形成新的通货膨胀预期，使换取一定失业率的通货膨胀率越来越高，一条条菲利普斯曲线不断向右上方移动，最终演变成为一条垂直的菲利普斯曲线，这就是长期的菲利普斯曲线。

3. 把一定时期各种商品的价格与商品交易量相乘后相加，可得到某一时期的价格总额。选定一个时期为基期，购买同等量商品的本期价格总额，除以基期价格总额，就得到本期的一个价格指数，这个价格指数反映了本期经济的物价总水平或一般物价水平。因此，一般物价水平的高低是衡量一定数量的商品购买所需支付的货币数量的多少；或一定数量的货币所能购买的商品和劳务数量的多少的指标。通货膨胀是价格水平的增长率，它衡量的是从一个时期到另一个时期一般价格水平变动的百分比。因而，通货膨胀率的高低是反映价格水平变动幅度大小的指标。

七、阅读与思考

这种现象使短期菲利普斯曲线向左移动,原因有以下几方面:

(1) 预期通货膨胀的下降。美联储实行旨在降低通货膨胀并保持低通货膨胀的政策,随着时间的推移,由于政策的成功,美联储获得了公众的信任,人们认为它会在必要时继续反通货膨胀。信任的增加降低了通胀预期,使短期菲利普斯曲线向左移动。

(2) 美国经济在该时期经历了一些有利的供给冲击,使短期总供给曲线向右移动,增加产量并降低了物价。具体有以下三个事件:

① 商品价格下降。20 世纪 90 年代末,由于日本和其他亚洲经济的严重衰退,减少了对产品的需求,导致商品价格的下降,并减少了美国的生产者成本。

② 劳动市场的变化。第二次世界大战后出生的婴儿潮一代的老龄化引起劳动市场的根本性变化。由于老工人比年轻工人的工作更稳定,劳动力平均年龄的提高会降低经济中的自然失业率。

③ 技术进步。20 世纪 90 年代的后 5 年中,美国经济进入了更为迅速的技术进步时期,信息技术进步提高了生产率,是有利的供给冲击。

第八章　经济增长与经济周期理论

提　要

1. 在宏观经济学中，经济增长通常被定义为一个国家或地区在一定时期内生产的商品和提供的劳务的增加，也就是实际国内生产总值的增加，这种增加既表现为总量上的增加，又包含了人均量的增长。美国经济学家西蒙·库兹涅茨概括了经济增长的标志、源泉和条件："一国的经济增长可定义为，向人们提供各种经济物品的能力的长期增长，这一能力的不断增长以技术进步以及所要求的制度和意识形态调整为基础。"

2. 根据经营方式的不同，可以将经济增长方式分为粗放型经济增长和集约型经济增长。根据经济增长是否依赖于外部力量，可以将经济增长分为内生经济增长和外生经济增长。此外，还有许多学者根据经济增长所依赖的主要因素的不同，将经济增长分为劳动密集型经济增长、资本密集型经济增长、全要素生产型(即技术进步)经济增长，等等。

3. 经济增长的源泉包括资本、劳动、技术进步、制度因素等。

4. 根据总生产函数可以推导出经济增长的核算方程：产出增长＝劳动份额×劳动增长＋资本份额×资本增长＋技术进步，它表明经济增长是由生产要素的增长和技术的进步带来的。同时该式也提供了一种测量技术进步的方法，即$\frac{\Delta A}{A}=\frac{\Delta Y}{Y}-a\cdot\frac{\Delta N}{N}-b\cdot\frac{\Delta K}{K}$，称为索洛余值。

5. 对于促进经济增长的因素，不同的经济学家有不同的观点。西蒙·库兹涅茨认为，现代经济增长的特征和原因包括生产率的高增长、结构变化以及知识储存的高增长率。肯德里克的观点认为，经济增长的因素有两个：全部生产要素投入量的增加和全部生产要素生产率的提高。丹尼森把影响经济增长的因素分为两大类、七小类。第一大类：生产要素投入总量的增加。其中包括四小类内容，即就业人数与工时、就业者的年龄与性别构成、就业者受教育的年限、资本存量的大小。第二大类：单位投入量的产出量(生产率)。其中包括三小类内容，即资源配置改善、规模经济、知识进步。

6. 新古典经济增长模型建立在一个新古典生产方程体系之上，强调了在一个封闭的没有政府部门的经济中储蓄、人口增长及技术进步对增长的作用，它关注的焦点是经济增长的直接原因。在不考虑技术进步的前提下，新古典经济增长模型的基本方程是$\dot{k}=sf(k)-(n+\delta)k$，可以表述为：资本深化＝人均储蓄(投资)－资本广化。在新古典经济增长模型中，经济达到稳态的条件是$\dot{k}=0$，即$sf(k)=(n+\delta)k$。当经济偏离稳态时，无论人均资本过多还是过少，都存在着某种力量使其恢复到稳态。这意味着，新古典经济增长模型所确定的稳态是稳定的。考虑到技术进步后，新古典经济增长模型的基本方程为$\dot{\tilde{k}}=s\tilde{y}-(n+g+\delta)\tilde{k}$。

7. 以内生经济增长为主要特征的新经济增长理论的诞生，标志着现代经济增长理论进入了一个新的发展阶段。由于经济增长可以分为由资本或劳动等要素增长推动的和由技术进步推动的两种类型,因此,内生增长也可以分为“要素投入的内生增长”和“技术进步的内生增长”两种类型。内生经济增长模型否定了新古典经济增长模型外生技术变革的假设,把注意力集中于解释技术进步,而不是把技术看作是外生的。内生经济增长理论致力于提供一个清晰的理论来解释技术因子变化的决定因素。新古典经济增长理论并没有对技术进步的原因和机制进行分析,只是把技术作为一种外生的因素,但内生经济增长理论讨论了技术进步本身的机制和规律,并把技术进步作为内生变量引入了经济增长模型。

8. 在经济学中,经济周期指的是总体经济运行中不规则的经济扩张与经济紧缩交替更迭、反复出现的波动现象。对于经济周期的定义,经济学家有不同的解释。一些经济学家将经济周期的定义建立在实际产出GDP或总产量绝对量的变动基础上,认为经济周期是指实际产出GDP上升和下降的交替过程。另一些经济学家则将经济周期的定义建立在经济增长率变化的基础上,认为经济周期是指经济增长率上升和下降的交替过程。根据这一定义,衰退不一定表现为GDP绝对量的下降,只要GDP的增长率下降,即使GDP增长率仍为正数,也可以称之为衰退,因此在经济中存在着增长性的衰退。

9. 经济周期具有以下特征:① 总体经济活动。② 扩张和衰退。③ 协动性。④ 循环性。⑤ 持续性。根据经济周期时间的长短,经济学家把经济周期分为不同的类型:① 朱格拉周期:中周期。② 基钦周期:短周期。③ 康德拉季耶夫周期:长周期。④ 库兹涅茨周期,又称建筑业周期。⑤ 熊彼特周期:一个综合期。

10. 从经济周期产生的原因角度出发,将经济周期理论分为外生经济周期理论和内生经济周期理论。外生经济周期理论的观点是,经济周期源于经济体系之外的因素,如太阳黑子、战争、革命、选举、金矿或新资源的发现以及科学突破或技术创新等。内生经济周期理论是在经济体系内部寻找商业周期的机制,该理论认为,经济的周期波动是经济体系内部——收入、成本、投资在市场机制作用下的必然现象。内生经济周期理论的代表有纯货币理论、投资过度理论、消费不足(储蓄过度)理论、心理理论等。

11. 西方经济学家指出,在社会经济生活中,投资、收入和消费相互影响、相互调节,通过加速数,上升的收入和消费会引致新的投资,通过乘数,投资又使收入进一步增长,假定政府支出为一固定的量,则靠经济本身的力量自行调节,就会自发形成经济周期,经济周期中的阶段正是乘数与加速数交互作用而形成的:投资影响收入和消费(乘数作用),反过来,收入和消费又影响投资(加速数作用)。两种作用相互影响,形成累积性的经济扩张或收缩的局面,这是西方学者对经济波动做出的一种解释。他们认为,只要政府对经济干预,就可以改变或缓和经济波动。例如,政府采取适当措施刺激投资,鼓励提高劳动生产率以提高加速数,鼓励消费等,就可克服或缓和经济萧条。

习　题

一、单选题

1. 经济增长的标志是(　　)。

A. 城市化步伐的加快

B. 社会福利水平的提高

C. 工资水平的提高

D. 社会生产能力的不断提高

2. 经济增长的典型事实是劳动投入增长率(　　)。

A. 提高

B. 减少

C. 不变

D. 不确定

3. 经济增长的典型事实是人均产出增长率(　　)。

A. 提高

B. 减少

C. 不变

D. 不确定

4. 下列各项中,(　　)属于生产要素供给的增长。

A. 人才的合理自由流动

B. 规模经济

C. 生产技术的提高

D. 教育事业的发展

5. 我们通常用(　　)来研究人民生活水平的变化。

A. 实际国民生产总值

B. 名义国民生产总值

C. 人均实际消费额

D. 人均实际国民生产总值

6. 在新古典增长模型中,均衡点是指(　　)。

A. 实际增长率等于有保证的增长率,又等于自然增长率

B. 产量正好用来满足新增加的人口

C. 人口的增长率为零

D. 整个社会的积累正好用于整备新增加的人口

7. 根据新古典增长模型,若资本增长率小于劳动增长率,则 N/K(　　)。

A. 提高

B. 减少

C. 不变

D. 不确定

8. 根据新古典增长模型,若 N/K 增加,则资本增长率(　　)。

A. 提高

B. 减少

C. 不变

D. 不确定

9. 根据新古典增长模型,若考虑技术进步,则资本增长率和劳动增长率的关系(　　)。

A. 提高

B. 减少

C. 不变

D. 不确定

10. 根据新古典增长模型,若资本增长1%,劳动投入不变,则经济增长(　　)1%。

A. 大于

B. 小于

C. 等于

D. 不确定

11. 根据新古典增长模型,若劳动投入增长1%,资本投入不变,则经济增长(　　)1%。

A. 大于

B. 小于

C. 等于

D. 不确定

12. 下列(　　)项是新古典经济增长模型所包含的内容。

A. 均衡的增长率取决于有效需求的大小

B. 要实现充分就业的均衡增长,要使 $G=G_n=G_\omega$

C. 通过调整收入分配,降低储蓄率,实现充分就业的均衡增长要满足经济中实际增长率、有保证的增长率和人口增长率三者相等

D. 从长期看,由于市场的作用,经济总会趋向于充分就业的均衡增长

13. 经济波动的周期的四个阶段依次为(　　)。

A. 繁荣、衰退、萧条、复苏

B. 萧条、繁荣、衰退、复苏

C. 衰退、繁荣、萧条、复苏

D. 以上都对

14. 经济增长从正常水平扩张到谷顶称为(　　)。

A. 繁荣

B. 衰退

C. 萧条

D. 复苏

15. 根据现代经济周期理论的定义,经济周期是指(　　)。

A. GDP值上升和下降的交替过程

B. 人均GDP值上升和下降的交替过程

C. GDP值增长率上升和下降的交替过程

D. 以上都正确

16. 朱格拉周期是一种(　　)。

A. 短周期

B. 中周期

C. 长周期

D. 不能确定

17. 基钦周期是一种(　　)。

A. 短周期

B. 中周期

C. 长周期

D. 不能确定

18. 康德拉季耶夫周期是一种(　　)。

A. 短周期

B. 中周期

C. 长周期

D. 不能确定

19. 与库兹涅茨周期紧密相关的行业是(　　)。

A. 建筑

B. 汽车

C. 农业

D. 纺织

20. 经济周期的中心围绕(　　)波动。

A. 利率

B. 通胀率

C. 国民收入

D. 就业率

21. 一国在一段时期内 GNP 的增长率在不断降低,但是总量却在不断提高,从经济周期的角度看,该国处于(　　)阶段。

A. 复苏

B. 繁荣

C. 衰退

D. 萧条

22. 根据纯货币理论,信用收缩的原因是(　　)。

A. 黄金准备金短缺

B. 边际消费倾向下降

C. 加速系数上升

D. 总投资降为零

23. 加速原理断言(　　)。

A. GDP 的增加导致投资数倍增加

B. GDP 的增加导致投资数倍减少

C. 投资的增加导致 GDP 数倍增加

D. 投资的增加导致 GDP 数倍减少

24. 下列说法(　　)正确表达了加速原理。

A. 投资的变动引起国民收入数倍变动
B. 消费支出随着投资的变动而数倍变动
C. 投资的变动引起国民收入增长率数倍变动
D. 消费需求的变动引起投资的数倍变动

25. 根据凯恩斯学派的观点,经济之所以会发生周期性波动,是因为(　　)。
A. 乘数作用
B. 加速数作用
C. 乘数和加速数的交织作用
D. 外部经济因素的变动

26. 当国民收入在乘数和加速数的作用下趋于扩张时,其增加将因(　　)而放慢。
A. 加速系数下降
B. 边际消费倾向提高
C. 失业的存在
D. 充分就业

27. 乘数原理和加速数原理的关系是(　　)。
A. 乘数原理说明国民收入的决定,加速原理说明投资的决定
B. 两者都说明投资的决定
C. 乘数原理解释经济如何走向繁荣,加速原理说明经济如何陷入萧条
D. 只有乘数作用时国民收入的变动比乘数、加速数作用相结合时的变动要更大一些

28. 导致经济波动的投资主要是(　　)。
A. 存货投资
B. 重置投资
C. 意愿投资
D. 固定资产投资

29. 下列(　　)项不影响长期经济增长率。
A. 计划生育政策的制定和实施
B. 货币供应量的增加
C. 基础研究领域投入的增加
D. 外国先进技术的引进

30. 内生经济增长理论与索洛模型最本质的区别在于,内生经济增长理论(　　)。
A. 肯定了技术变革对经济增长的作用
B. 抛弃了索洛模型外生技术变革的假设
C. 将研究与开发作为外生技术变革的主要原因
D. 以上都不正确

二、判断题

1. 某一时期大批新工人涌入劳动队伍,会提高生产率。(　　)
2. 在图形上看,经济增长体现为生产可能性曲线上的某一点沿曲线向上方移动。(　　)
3. GDP 被普遍用于衡量经济增长,其主要原因是 GDP 的增长总是意味着已经发生的实

际经济增长，没有误差。 ( )

4. 在经济增长中投资(资本品)之所以重要，是因为投资可以为现有工人提供更多的机器设备，从而提高他们的生产率。 ( )

5. 有保证的增长率 G_w 与自然增长率 G_n 之间的区别在于 G_w 以充分就业为前提，而 G_n 没有。 ( )

6. 教育事业的发展在经济增长中的贡献属于生产要素供给的增长。 ( )

7. 新古典增长模型中，均衡点是指实际增长率等于有保证的增长率，等于自然增长率。 ( )

8. 经济增长从谷底水平扩张到正常水平称为繁荣阶段。 ( )

9. 经济增长从谷顶水平收缩到正常水平称为萧条阶段。 ( )

10. 繁荣阶段的主要特征是投资减少、产品积压。 ( )

11. 衰退阶段的主要特征是大量机器更新。 ( )

12. 在库兹涅茨周期中表现特别明显的行业是建筑业。 ( )

13. 熊彼特第一个长周期的标志创新产业为化学工业。 ( )

14. 英国经济学家杰文斯的太阳黑子周期学说认为太阳黑子周期性爆发导致气候变化，使得农业出现丰歉之年，从而使得经济相应地出现繁荣与萧条的波动。 ( )

15. 从经济周期的角度看，一国在一段时期内 GNP 的总量在增加，但 GDP 的增长率下降，说明该国处于复苏阶段。 ( )

三、名词解释

1. 资本深化
2. 经济增长
3. 内生增长理论
4. 经济周期
5. 扩张阶段
6. 繁荣阶段
7. 技术进步
8. 乘数-加速数模型
9. 内生经济周期理论
10. 实际经济周期理论

四、填空题

1. 根据经营方式的不同，可以将经济增长方式分为________和________。

2. 根据经济增长是否依赖于外部力量，可以将经济增长方式分为________和________。

3. 经济增长直接体现为________增加。

4. 经济增长的源泉包括________、________、________和________等。

5. 经济增长的核算方程：产出增长＝________×劳动增长＋________×资本增长＋技术进步。

6. 西蒙·库兹涅茨认为导致经济增长的因素是________、________和________。

7. 根据肯德里克的观点,经济增长的因素有两个:________和________。

8. 丹尼森把影响经济增长的因素分为两大类七小类。第一大类:________;第二大类:________。

9. 解释经济增长问题的方法有两种,一种是________方法,另一种是________方法。

10. 以________为主要特征的新经济增长理论的诞生,标志着现代经济增长理论进入了一个新的发展阶段。

11. 经济周期具有以下特征:________、________、________、________和________。

12. 经济周期可以分为________、________、________、________四个阶段。

13. 朱格拉周期是一种________。

14. 基钦周期是一种________。

15. 康德拉季耶夫周期是一种________。

16. 库兹涅茨周期与________行业相关。

17. 列举三个外生经济周期理论________、________、________。

18. 列举三个内生经济周期理论________、________、________。

19. 在社会经济生活中,投资、收入和消费相互影响,相互调节,通过________,上升的收入和消费会引致新的投资,通过________,投资又使收入进一步增长。

20. 新古典经济增长模型的基本方程用文字可表述为________。

五、简答题

1. 简述现代经济增长的特征。
2. 简述库兹涅茨关于影响经济增长的几种因素。
3. 乘数原理和加速原理有什么联系和区别?

六、计算题

1. 假设劳动收入和资本收入之比为7:3,劳动增长率为1%,资本增长率为4%。根据新古典增长理论,经济增长率的计算值是多少?若实际的增长率为3%,二者的差异如何解释?

2. 设储蓄率为0.4,人均生产函数为$f(k)=k^{0.5}$,人口的增长率为5%。求在新古典增长框架下经济稳态水平时的人均资本量和人均产出水平。

3. 有以下生产函数的索洛增长模型描述了一个经济$y=\sqrt{k}$:

(1) 解出y作为s,n,g和δ的函数时,达到稳定状态时的值。

(2) 假设一个发达国家的储蓄率为28%,人口增长率为每年1%;一个不发达国家储蓄率为10%,人口增长率为每年4%。而在这两个国家中,$g=0.02,\delta=0.04$。求出每个国家稳定状态的y值。

(3) 不发达国家为了提高自己的收入水平应该采取什么政策?

七、阅读与思考

2007年十七大开幕式上,胡锦涛总书记在报告中指出:“实现未来经济发展目标,关键要在加快转变经济发展方式、完善社会主义市场经济体制方面取得重大进展。要大力推进经济结构战略性调整,更加注重提高自主创新能力、提高节能环保水平、提高经济整体素质和国际竞争力。要深化对社会主义市场经济规律的认识，从制度上更好发挥市场在资源配置中的基础性作用，形成有利于科学发展的宏观调控体系”。总书记明确提出了促进国民经济又好又快发展的任务。结合宏观经济学理论，论述我国现有经济建设由过去强调“快速经济建设”到现在“好的经济建设”的国家经济发展导向。

习题答案

一、单选题

1～5：DCCDD　　6～10：DAAAB　　11～15：BDAAC　　16～20：BACAC
21～25：CAADC　　26～30：DADBB

二、判断题

1. ×
2. ×
3. ×
4. ×
5. ×
6. √
7. ×
8. ×
9. ×
10. ×
11. ×
12. √
13. ×
14. √
15. ×

三、名词解释

1. 资本深化：资本深化与“资本广化”相对而言，指以超过劳动力增长的速度积累资本。在经济发展过程中，人口以一定的比率增长，但是资本积累的速度更快。这种变化的结果，是人均占有资本量增加，即资本-劳动比率上升。资本广化与资本深化一般是同时进行的，难分彼此。资本深化一般意味着在经济增长过程中存在着技术进步。纯粹的资本广化则没有什么技术进步。

2. 经济增长：在宏观经济学中，经济增长通常被定义为一个国家或地区在一定时期内生产的商品和提供的劳务的增加，也就是实际国内生产总值的增加，这种增加既表现为总量上的增加，又包含了人均量的增长。美国经济学家西蒙·库兹涅茨概括了经济增长的标志、源泉和条件：“一国的经济增长可定义为，向人们提供各种经济物品的能力的长期增长，这一能力的不断增长以技术进步以及所要求的制度和意识形态调整为基础。”

3. 内生增长理论:内生增长理论用规模收益递增和内生技术进步来说明一个国家长期经济增长和各国增长率的差异。其重要特征就是试图使增长率内生化。根据其依赖的基本假定条件的差异,可以将内生增长理论分为完全竞争条件下的内生增长模型和垄断竞争条件下的内生增长模型。按照完全竞争条件下的内生增长模型,使稳定增长率内生化的两条基本途径就是:将技术进步率内生化;如果被积累的生产要素有固定报酬,那么可以通过某种方式使稳态增长率被要素的积累所影响。

4. 经济周期:经济周期指的是总体经济运行中不规则的经济扩张与经济紧缩交替更迭、反复出现的波动现象。

5. 扩张阶段:是指一个经济周期中经济波动从谷底到峰顶的变动过程,这一阶段包括了传统的复苏和繁荣两个阶段。

6. 繁荣阶段:在经济繁荣阶段,生产就业增加,投资高涨,市场兴旺,货币信贷扩张,物价上升,利润增加。

7. 技术进步:技术进步指科学技术和组织管理的改进,导致劳动力和资本的效率提高。就是说,技术进步使劳动和资本这两种生产要素任一给定的投入量所生产的产量较前增加。或者说,生产既定数量的产品所需投入量较前减少。

8. 乘数-加速数模型:又称为“汉森-萨缪尔森模型”。乘数原理说明投资的变动可以引起国民收入的加倍变动;加速数原理表述了随着国民收入的变动,投资加速增加的现象。两者结合起来可以解释在国民收入中,投资、消费和收入是相互影响、相互加速的,这就解释了经济中扩张与衰退的交替并形成经济周期的现象。

9. 内生经济周期理论:内生经济周期理论是在经济体系内部寻找商业周期的机制。该理论认为,经济的周期波动是经济体系内部——收入、成本、投资在市场机制作用下的必然现象。

10. 实际经济周期理论:实际经济周期理论与新古典增长理论一脉相承,是以微观经济主体的偏好、技术、禀赋等假设为基础,通过完全竞争和市场出清实现一般均衡,因生产函数会受到随机技术冲击等实际因素的影响,从而经济会呈现出周期与波动的现象。经济周期所产生的产出波动不是实际 GDP 对潜在 GDP 的背离,而是潜在 GDP 本身的变动。

四、填空题

1. 粗放型经济增长　集约型经济增长
2. 内生经济增长　外生经济增长
3. 产品的产量
4. 资本　劳动　技术进步　制度因素
5. 劳动份额　资本份额
6. 生产率的高增长　结构变化　知识储蓄的高增长率
7. 全部生产要素投入量的增加　全部生产要素生产率的提高
8. 生产要素投入总量的增加　单位投入量的产出率(生产率)
9. 增长核算　增长模型
10. 内生经济增长
11. 总体经济活动　扩张和衰退　协动性　循环性　持续性

12. 扩张　繁荣　衰退　萧条
13. 中周期
14. 短周期
15. 长周期
16. 建筑
17. 太阳黑子理论　创新理论　政治性周期理论
18. 纯货币理论　投资过度理论　心理理论
19. 加速数　乘数
20. 资本深化＝人均储蓄(投资)－资本广化

五、简答题

1. 库兹涅茨总结了现代经济增长的六大特征：

(1) 人均国民生产总值和人口呈加速增长的趋势，但人均产值的增长率要高于人口增长率。

(2) 由于技术进步的推动，生产率不断提高。

(3) 经济增长过程中经济结构的转变率很高。经济增长不断改变着产业结构、产品结构、消费结构、收入分配结构和就业结构等，它使农业过剩人口转向城市和工业，小业主转向大企业，从而促成了农业向非农业、工业向服务业的转变。经济结构的转变反过来又推动了经济更快地增长。

(4) 经济增长伴随着社会结构与意识形态的迅速改变。经济增长使过去僵化的社会结构变得比较灵活，使传统的思想观念转变为工业化、城市化、国际化等新意识。

(5) 经济增长不是一国的独特现象，而是在世界范围内迅速扩大，成为各国追求的目标。

(6) 经济增长在世界范围内是不平衡的，因而世界经济增长受到限制。

2. 库兹涅茨将影响经济增长的因素归纳如下：

(1) 劳动生产率的提高。库兹涅茨对劳动投入和资本投入对经济增长的贡献进行了长期分析，得出的结论是，以人均产值高增长率为特征的现代经济增长的主要原因是劳动生产率的提高。

(2) 知识存量的增加。库兹涅茨认为，随着社会的发展和进步，人类社会迅速增加技术知识和社会知识的存量，当这种存量被利用的时候，就成为现代经济高比率的总量增长和迅速的结构变化的源泉。而在一些中介因素作用下，经过一系列知识的转化过程，知识最终变为现实的生产力。

(3) 结构方面的变化。库兹涅茨认为，发达的资本主义国家在它们增长的历史过程中，经济结构转变迅速。库兹涅茨把知识力量因素和生产因素与结构因素联系起来，以强调结构因素对经济增长的重要影响。

3. 乘数原理和加速原理的联系和区别：

(1) 在凯恩斯国民收入决定理论中，乘数原理考察投资的变动对收入水平的影响程度。投资乘数指投资支出的变化与其带来的收入变化的比率。投资乘数的大小与消费增量在收入增量中的比例(即边际消费倾向)有关。边际消费倾向越大，投资引起的连锁反应越大，收入增加得越多，乘数就越大。同样，投资支出的减少，会引起收入以数倍减少。

加速原理则考察收入或消费需求的变动反过来又怎样影响投资的变动。其内容是：收入的增加会引起对消费品需求的增加，而消费品要靠资本品生产出来，因而消费增加又会引起对资本需求的增加，从而必将引起投资的增加。生产一定数量产品需要的资本越多，即资本-产出比率越高，则收入变动对投资变动影响越大，因此，一定技术条件下的资本-产出比率被称为加速系数。同样，加速作用也是双向的。

(2) 乘数原理和加速原理从不同角度说明了投资与收入、消费之间的相互作用。只有把两者结合起来，才能全面、准确地考察收入、消费与投资三者之间的关系，并从中找出经济依靠自身的因素发生周期性波动的原因。乘数原理和加速原理不同的是，投资的乘数作用是投资的增长(下降)导致收入的数倍增长(下降)，而投资的加速作用是收入或消费需求的增长(下降)导致投资的数倍增长(下降)。

六、计算题

1. 解：

(1) 根据新古典经济增长模型：

$$\frac{\Delta Y}{Y}=\frac{\Delta A}{A}+\alpha\frac{\Delta K}{K}+\beta\frac{\Delta N}{N}$$

因为新古典经济增长模型不考虑技术进步，所以$\frac{\Delta A}{A}=0$。

从已知可得$\alpha=0.3$，$\beta=0.7$，$\frac{\Delta K}{K}=4\%$，$\frac{\Delta N}{N}=1\%$，所以

$$\frac{\Delta Y}{Y}=0.3\times4\%+0.7\times1\%=1.9\%$$

即经济增长率的计算值为1.9%。

(2) 理论上的经济增长率比实际经济增长率少1.1%，这是因为新古典经济增长模型中，没有考虑技术进步对经济增长的影响。理论值和实际观察值的差额可以看成是技术进步对经济增长的贡献，被称为全要素生产率。

2. 解：由新古典增长理论的索洛模型可知，在不考虑资本折旧的情况下，经济增长的稳态条件为：

$$sf(k)=nk$$

从而有

$$0.4k^{0.5}=0.05k$$

所以可以解得稳态水平时的人均资本存量为：$k^*=64$，因而稳态水平时的人均产出水平为：$y^*=f(k^*)=8$。

3. 解：

(1) 根据索洛增长模型，当经济达到稳态时，满足条件：

$$sy=(n+g+\delta)k$$

因为$y=\sqrt{k}$，所以可以解出$k^*=\left(\frac{s}{n+g+\delta}\right)^2$，因此稳态人均收入为$y^*=\frac{s}{n+g+\delta}$。

(2) 发达国家的稳态收入为$y_1{}^*=\frac{s}{n+g+\delta}=4$。

不发达国家的稳态收入为 $y_2^* = \frac{s}{n+g+\delta} = 1$。

(3) 通过(2)的计算，对比发达国家和不发达国家的人口增长率和储蓄率的差异，可知不发达国家较低的储蓄率和较高的人口增长率造成了其极低的稳态人均收入。因此，不发达国家可以采取鼓励储蓄的政策来提高储蓄率，从而提高其每单位有效劳动的资本存量；同时采取适当的人口政策(如计划生育政策)来降低人口的增长率，从而提高其人均收入水平。

七、阅读与思考

过去强调的“快速经济建设”，从本质上而言是追求经济的快速增长。经济增长通常是指在一个较长的时间跨度上，一个国家人均产出(或人均收入)水平的持续增加。经济增长率的高低体现了一个国家或地区在一定时期内经济总量的增长速度，也是衡量一个国家或地区总体经济实力增长速度的标志。决定经济增长的直接因素：投资量、劳动量、生产率水平。用现价计算的 GDP，可以反映一个国家或地区的经济发展规模，用不变价 GDP 可以计算经济增长的速度。这实际上是追求经济的总量而不是追求经济的质量。

现在强调“好的经济建设”本质上是追求经济的高质量发展。一个国家摆脱贫困落后状态，走向经济和社会生活现代化的过程即称为经济发展。经济发展不仅意味着国民经济规模的扩大，更意味着经济和社会生活素质的提高。所以，经济发展涉及的内容超过了单纯的经济增长，比经济增长更为广泛。

就当代经济而言，发展的含义相当丰富复杂。发展总是与发达、工业化、现代化、增长之间交替使用的。一般来说，经济发展包括三层含义：

(1) 经济量的增长，即一个国家或地区产品和劳务的增加，它构成了经济发展的物质基础；

(2) 经济结构的改进和优化，即一个国家或地区的技术结构、产业结构、收入分配结构、消费结构以及人口结构等经济结构的变化；

(3) 经济质量的改善和提高，即一个国家和地区经济效益的提高、经济的稳定程度、卫生健康状况的改善、自然环境和生态平衡以及政治、文化和人的现代化进程。

经济发展包括经济增长。经济发展与经济增长所共有的特征，都是经济 GDP 的提升。在“好的经济建设”的国家经济发展导向下，我国的经济建设的质量显著提高，有利于建设资源节约型、环境保护型、科学发展型的新型经济。

第九章　开放经济概论

提　要

1. 绝对优势理论是由亚当·斯密在1776年《国富论》中提出的一个支持国家间自由贸易的理论。它的主要内容可以概括为：在两国生产两种商品的情况下，其中一国在一种商品的生产上具有较高效率，另一国在另一种商品上具有较高效率，则两国在不同商品生产上分别拥有绝对优势，此时如果两国根据各自的绝对优势进行专业化加工，并相互进行交换，双方均能从中获益。

2. 比较优势理论认为：在两国生产两种产品的情况下，其中一国在两种商品的生产上均占据绝对优势，另一国在两种商品的生产上均处于绝对劣势，则两国仍然可以根据其比较优势来进行专业化的分工，即两国分别生产其优势相对较大或劣势相对较小的商品，并进行交换，双方仍能从中获益。每个国家都应根据“两利相权取其重，两害相权取其轻”的原则，集中生产并出口其具有“比较优势”的产品，进口其具有“比较劣势”的产品。比较优势理论在更普遍的基础上解释了贸易生产的基础和贸易利得，大大发展了绝对优势理论。

3. 资源禀赋理论是一种用生产要素的禀赋程度来解释国际分工和国际贸易产生的原因和商品流向的理论。赫克歇尔认为，国际贸易产生的原因是各国生产要素禀赋状况不同及不同产品的生产过程中所使用要素的比例不同。俄林认为，各国商品价格差异是国际贸易产生的直接原因，各国商品价格比例不同是国际贸易产生的必要条件。

4. 汇率又称外汇牌价或外汇行市，是两种货币之间的兑换比率，也可以说是以一种货币单位表示另一种货币的价格。外汇是实现两国之间商品交换和债务清偿的工具，汇率是买卖外汇的价格。根据折算货币的标准，汇率的标价方法可分为直接标价法和间接标价法。

5. 世界上的汇率制度主要有固定汇率制和浮动汇率制两种。固定汇率制是指一国货币同他国货币的汇率基本固定，其波动限于一定的幅度之内。浮动汇率制是指一国不规定本国货币与他国货币的官方汇率，听任汇率由外汇市场的供求关系自发地决定。浮动汇率制又分为自由浮动与管理浮动，前者指中央银行对外汇市场不采取任何干预措施，汇率完全由外汇市场的供求力量自发地决定。后者指实行浮动汇率制的国家，对外汇市场进行各种形式的干预活动，主要是根据外汇市场的供求情况售出或购入外汇，以通过对外汇供求的影响来影响汇率。

6. 购买力平价理论是当今世界颇具影响、广泛流传的一种汇率决定理论。其基本思想是：汇率由两国货币的购买力之比决定，汇率变化随货币购买力的变化而变化。人们之所以需要外国货币，是因为它在外国具有商品和劳务的购买力；外国人之所以需要本国货币，是因为本国货币在其国内市场上同样具有购买力。因此，两国货币间的比价主要是由两国货币在各自国内的购买力对比决定的。根据购买力平价决定的汇率是一种正常汇率或均衡汇率，而不是实际汇率，在现实兑换中，实际汇率围绕均衡汇率上下波动，并不断接近均衡汇率，所以购买力平价汇率成为纸币流通制度下的基础汇率。

7. 一个国家货币的汇率变动，表现为本国货币对外国货币的升值或贬值。影响汇率变动的既有经济要素，也有非经济要素。特别是国内、国际政治经济关系发生重大变化的时期，影响汇率变化的因素就更为复杂多变。具体来说，主要有国际收支、宏观经济状况和国内外利率差异。

8. 国际收支是指一定时期内一国或地区的居民与非居民之间由于经济、政治、文化等多项往来而引起的全部国际经济交易系统的货币记录。

9. 导致一国国际收支不平衡的原因主要有临时性不平衡、结构性不平衡、货币性不平衡、周期性不平衡和收入性不平衡。

10. 蒙代尔-弗莱明模型(The Mundell - Fleming Model)是以资本具有完全流动性为假设前提的开放经济模型，是特殊的 IS - LM - BP 模型。其特殊性在于 BP 曲线是一条利率为国际均衡利率的水平线，具有完全弹性，利率的微小变动会引起资本的无限量流动。因此，在这种假定下，各国的利率均与世界均衡利率保持一致。该模型认为，在固定汇率制度下，任何国家的中央银行均不可能独立地操纵货币政策。

习　题

一、单选题

1. 如果英镑的汇率是 2 美元，那么美元的汇率是(　　)。
   A. 2 英镑
   B. 1 英镑
   C. 0.5 英镑
   D. 无法确定
2. 对英镑和美元两种货币来说，如果英镑的汇率上升，那么美元的汇率将(　　)。
   A. 上升
   B. 下降
   C. 不定，尚需考虑其他因素
   D. 两者之间没有关系
3. 直接标价法下人民币对美元的汇率上升，将使(　　)。
   A. 中国商品相对便宜，美国增加对中国商品的进口
   B. 中国商品相对便宜，中国增加对美国商品的进口
   C. 中国商品相对昂贵，美国增加对中国商品的出口
   D. 中国商品相对昂贵，中国增加对美国商品的出口
4. 在外汇市场中，下列各方中(　　)是美元的需求者。
   A. 进口国外商品的美国厂商
   B. 向美国进行慈善性捐款的外国人
   C. 到国外旅游的美国人
   D. 获得美国公司股息的外国人
5. 在外汇市场中，下列各方中(　　)是英镑的供给者。

A. 购买美国股票的英国人

B. 到英国旅游的美国人

C. 进口英国商品的美国人

D. 把在美国获得的利润汇回英国的英国人

6. 日元对美元升值,将导致(　　)。

A. 美元对日元的升值

B. 降低日本市场上美国商品的价格

C. 美国增加对日本商品的进口,减少对日本商品的出口

D. 对日元需求量的减少,对美元需求量的增加

7. 如果本国货币升值,可以使(　　)。

A. 本国的进出口都增加

B. 本国的出口增加,进口减少

C. 本国的进口增加,出口减少

D. 本国的进出口都减少

8. 某中国厂商把向美国出口商品所得的10万美元的收入存入美国的银行,这样,应该在本国国际收支平衡表中作(　　)的反映。

A. 经常账户、资本账户的借方同记入10万美元

B. 经常账户、资本账户的贷方同记入10万美元

C. 经常账户借方10万美元,资本账户贷方记入10万美元

D. 经常账户贷方10万美元,资本账户借方记入10万美元

9. 一家德国厂商在美国出售50万美元的长期政府债券,然后将其暂时存入美国的银行,这样,应该在美国国际收支平衡表中作(　　)的反映。

A. 经常账户、资本账户的借方同记入50万美元

B. 经常账户、资本账户的贷方同记入50万美元

C. 资本账户的短期资本项目借方、长期资本项目贷方分别记入50万美元

D. 资本账户的长期资本项目借方、短期资本项目贷方分别记入50万美元

10. 国际收支失衡意味着(　　)。

A. 国际收支平衡表的借方、贷方余额不等

B. 经常账户与资本账户的余额不等

C. 商品、劳务的进出口额不等

D. 资本流出与流入额不等

11. 国际收支逆差将导致(　　)。

A. 黄金、外汇储备减少

B. 本国货币贬值

C. 国内产出水平下降

D. 以上各项均正确

12. 美国工资率较高,但它在国际贸易中很多商品都不需要借助关税壁垒来抵御那些来自劳动廉价国家的竞争,这是因为(　　)。

A. 美国的劳动生产率较高,抵消了高工资率的影响

B. 美国的消费者偏好于本国产品
C. 美国的出口大于进口
D. 国外市场对美国产品的需求更大

13. 在开放经济中，下列(　　)项不是政府宏观政策的最终目标。
A. 国际收支平衡
B. 不存在贸易逆差或顺差
C. 经济均衡增长
D. 消除通货膨胀

14. 决定国际间资本流动的主要因素是各国的(　　)。
A. 收入水平
B. 利率水平
C. 价格水平
D. 进、出口差额

15. BP 曲线用于考察国际收支平衡时(　　)两个宏观经济变量间的关系。
A. 国民收入水平与利率水平
B. 国民收入水平与价格水平
C. 国民收入水平与净出口额
D. 国民收入水平与国际收支差额

16. 如果本国货币贬值，出口增加，进口减少，BP 曲线将会发生(　　)的变动。
A. 均衡点沿 BP 曲线移动
B. BP 曲线变得更平坦
C. BP 曲线向右方移动
D. BP 曲线向左方移动

17. 与封闭经济相比，在开放经济中政府的宏观财政政策的作用将(　　)。
A. 更大，因为总需求方加入净出口后使支出乘数增大
B. 更小，因为总需求方加入净出口后使支出乘数变小
C. 不变，因为总需求方加入净出口后对支出乘数没有影响
D. 不能确定两者关系

18. 政府采取紧缩性的财政、货币政策后，对本国的国内外均衡会产生一定影响，下列(　　)项的影响是不可能出现的。
A. 国内失业率上升
B. 国际收支状况恶化
C. 资本外流减少
D. 投资减少

19. 如果一国处于国内均衡，但国际收支有盈余的状况，这时最适宜采用下列(　　)项宏观调节政策。
A. 紧缩性的财政政策
B. 紧缩性的货币政策
C. 扩张性财政政策与紧缩性货币政策

D. 调低汇率,使货币升值

20. 如果一国处于高失业、国际收支赤字并存的状况,这时最适宜采用下列(　　)项宏观调节政策。

A. 增加政府的财政支出

B. 扩大货币供应总量

C. 降低税率货币政策

D. 提高汇率,使货币贬值

21. 衡量一国开放程度高低的标准是(　　)。

A. 进口与 GDP 的比率

B. 出口与 GDP 的比率

C. 净出口与 GDP 的比率

D. 以上均正确

22. 属于国际收支平衡表中经常账户的是(　　)。

A. 资本性转移

B. 间接投资

C. 服务

D. 证券投资

23. 属于国际收支资本与金融账户的是(　　)。

A. 货物

B. 服务

C. 收入

D. 证券投资

24. 一般地说,国内投资增加将(　　)。

A. 减少向其他国家的进口

B. 增加出口而进口保持不变

C. 改善外贸收支

D. 恶化外贸收支

25. 从均衡出发,出口增加将(　　)。

A. 减少外贸差额

B. 使储蓄超过国内投资

C. 使投资超过储蓄

D. 降低均衡收入水平

26. 美元升值将会(　　)。

A. 增加中国对美国的出口

B. 减轻美国的通货膨胀压力

C. 增加日本的通货膨胀压力

D. 以上说法全部正确

27. 下列(　　)情况有利于本国产品出口。

A. 外汇汇率下降

B. 本国发生通货膨胀
C. 外国发生通货膨胀
D. 本国通货膨胀率高于外国通货膨胀率

28. 在浮动汇率制下,本国货币供给增加,(　　)。
A. IS 曲线向右移动
B. IS 曲线向左移动
C. LM 曲线向右移动
D. LM 曲线向左移动

29. 当本国实施扩张性财政政策时(　　)。
A. 本国均衡国民收入增加
B. 资本内流
C. 与本国有贸易关系的其他国家收入增加
D. 以上都正确

30. 如果法郎和美元的交换比率从 5∶1变为 4∶1,则(　　)。
A. 法郎的汇率由 20 美分上升到 25 美分,美元升值
B. 法郎的汇率由 20 美分上升到 25 美分,美元贬值
C. 法郎的汇率由 25 美分下降到 20 美分,美元升值
D. 法郎的汇率由 25 美分下降到 20 美分,美元贬值

二、判断题

1. 国内总需求增加,既可增加国民收入,又可以改善贸易收支状况,因此是绝对有利的。(　　)
2. 在开放经济条件中,对外贸易乘数大于一般的乘数。(　　)
3. 出口增加会使国民收入增加,贸易收支状况改善。(　　)
4. 当国内存在通货膨胀而国际收支赤字时,可以通过采用紧缩性的政策来同时实现内外均衡。(　　)
5. 当国内经济衰退而国际收支出现赤字时,仅仅采用扩张性政策无法同时实现内外均衡。(　　)
6. 自由贸易可以实现全世界经济福利最大化,从而使各国本身的经济福利达到最大化。(　　)
7. 汇率贬值后马上可以改善贸易收支状况。(　　)
8. 在开放经济中,国内总需求的增加将引起国民收入增加,贸易收支状况恶化。(　　)
9. 提高关税的税率将使本国的厂商可以提高同类产品的竞争力。(　　)
10. 与封闭经济相比,在开放经济中政府的宏观经济政策的作用将更小,是因为总需求方加入净出口后使支出乘数变小。(　　)

三、名词解释

1. 绝对优势理论
2. 比较优势理论

3. 资源禀赋理论
4. 汇率
5. 外汇
6. 固定汇率制
7. 浮动汇率制
8. 购买力评价理论
9. 国际收支
10. 直接标价法
11. 间接标价法

四、填空题

1. 绝对优势理论主要内容可以概括为:在两国生产两种商品的情况下,其中一国在一种商品的生产上具有较高效率,另一国在另一种商品中具有较高效率,则两国在不同商品生产上分别拥有________,此时如果两国根据各自的绝对优势进行________,并相互进行________,双方均能从中获益。

2. 比较优势理论认为:在两国生产两种产品的情况下,其中一国在两种商品的生产上均占据绝对优势,另一国在两种商品的生产上均处于绝对劣势,则两国仍然可以根据其________来进行________的分工,即两国分别生产其优势相对较大或劣势相对较小的商品,并进行________,双方仍能从中获益。

3. 资源禀赋学说认为,国际贸易产生的原因是由于各国________不同。各国________差异是国际贸易产生的直接原因,各国商品________不同是国际贸易产生的必要条件。

4. 汇率是两种货币之间的________,也可以说是以一种货币单位表示另一种货币的价格。外汇是实现两国之间________和________的工具。

5. 折算两国货币时,根据标价方法不同,可分为________和________。

6. 世界上的汇率制度主要有________和________两种。

7. 固定汇率制是指一国货币同他国货币的汇率____________________。

8. 浮动汇率制是指一国________________。浮动汇率制又分为________与________。

9. 购买力平价理论的基本思想是:汇率由两国货币的________之比决定,汇率变化随货币________的变化而变化。

10. 影响汇率变化的因素具体来说,主要有以下几个方面的因素:________________、________、________。

11. 国际收支平衡表采取的是________原理,每一笔国际交易都要分别记录在国际收支平衡表的________和________。

12. 具体而言,导致一国国际收支不平衡的原因主要有以下几种:________、________、________、________、________。

13. 在固定汇率制度下和浮动汇率制度下,货币政策和财政政策的有效性是完全________的。在固定汇率制度下,货币当局必须干预________来稳定汇率,对货币存量的控制是无效的,货币存量的增长将会被外汇储备的损失所抵消掉。而在浮动汇率制度下,中央银行不必干预外汇市场,可以实行独立的货币政策而财政政策将会产生________。

五、简答题

1. 在开放经济中,若价格、汇率等不变,IS 曲线会有怎样的变化?有何经济含义?

2. 在固定汇率情况下,国际收支平衡机制如何?

3. 简要说明开放经济条件下的 IS 曲线的斜率小于封闭经济条件下的斜率。

4. 为什么本国货币升值使进口增加,出口减少?

5. 国际收支平衡表为什么总是平衡的?既然国际收支平衡表总是平衡的,又为什么还存在国际收支顺差和逆差?

六、计算题

1. 某经济社会的充分就业产量为 500,均衡投资为 50,消费函数为 $C=40+0.8Y$,在不考虑资本流动和汇率的情况下,进出口分别为 $M=0.2Y+30$,$X=100$。

(1) 求产品市场的均衡产出水平及贸易收支。

(2) 求充分就业贸易收支。

2. 某国内消费 $C=150+0.6Y$,投资 $I=100-5r$,政府支出 $G=200$,在浮动汇率制度下,当该国的贸易收支函数为 $Z=175-0.2Y+0.5eP^*/P$(其中 Z 表示国际收支),$M_s/P=0.9Y-2r$(其中 r 表示利息率)时,假设资本市场是完全竞争的,利率水平为 5,名义货币供给量为 980。

求:(1) 均衡产出水平、汇率及贸易收支总额($P^*/P=1$)。

(2) 当货币供给再增加 90 时的均衡状态。

(3) 本国价格上升为 1.25 时的均衡状态。

七、阅读与思考

阅读以下材料,联系实际情况,运用所学理论进行评析。

中国人民银行公告【2005】第 16 号(中国人民银行 2005 年 7 月 21 日)

中国人民银行关于完善人民币汇率形成机制改革的公告

为建立和完善我国社会主义市场经济体制,充分发挥市场在资源配置中的基础性作用,建立健全以市场供求为基础的、有管理的浮动汇率制度,经国务院批准,现就完善人民币汇率形成机制改革有关事宜公告如下:

一、自 2005 年 7 月 21 日起,我国开始实行以市场供求为基础、参考一篮子货币进行调节、有管理的浮动汇率制度。人民币汇率不再盯住单一美元,形成更富弹性的人民币汇率机制。

二、中国人民银行于每个工作日闭市后公布当日银行间外汇市场美元等交易货币对人民币汇率的收盘价,作为下一个工作日该货币对人民币交易的中间价格。

三、2005 年 7 月 21 日 19:00 时,美元对人民币交易价格调整为 1 美元兑 8.11 元人民币,作为次日银行间外汇市场上外汇指定银行之间交易的中间价,外汇指定银行可自此时起调整对客户的挂牌汇价。

四、现阶段,每日银行间外汇市场美元对人民币的交易价仍在人民银行公布的美元交易中间价上下千分之三的幅度内浮动,非美元货币对人民币的交易价在人民银行公布的该货币交易中间价上下一定幅度内浮动。

中国人民银行将根据市场发育状况和经济金融形势,适时调整汇率浮动区间。同时,中国人民银行负责根据国内外经济金融形势,以市场供求为基础,参考一篮子货币汇率变动,对人民币汇率进行管理和调节,维护人民币汇率的正常浮动,保持人民币汇率在合理、均衡水平上的基本稳定,促进国际收支基本平衡,维护宏观经济和金融市场的稳定。

习题答案

一、单选题

1～5: CBABA　6～10:BCDDB　11～15:DABBA　16～20:CBBDD
21～25:ACDDB　26～30:DCCDB

二、判断题

1. ×
2. ×
3. √
4. √
5. √
6. ×
7. ×
8. √
9. √
10. √

三、名词解释

1. 绝对优势理论的主要内容可以概括为:在两国生产两种商品的情况下,其中一国在一种商品的生产上具有较高效率,另一国在另一种商品上具有较高效率,则两国在不同商品生产上分别拥有绝对优势,此时如果两国根据各自的绝对优势进行专业化加工,并相互进行交换,双方均能从中获益。

2. 比较优势理论认为,在两国生产两种商品的情况下,其中一国在两种商品的生产上均占据绝对优势,另一国在两种商品的生产上均处于绝对劣势,则两国仍然可以根据其比较优势来进行专业化的分工,即两国分别生产其优势相对较大或劣势相对较小的商品,并进行交换,双方仍能从中获益。每个国家都应根据"两利相权取其重,两害相权取其轻"的原则,集中生产并出口其具有"比较优势"的商品,进口其具有"比较劣势"的商品。

3. 资源禀赋理论是一种用生产要素的禀赋程度来解释国际分工和国际贸易产生的原因和商品流向的理论。赫克歇尔认为,国际贸易产生的原因是各国国家生产要素禀赋状况不同及不同产品的生产过程中所使用要素的比例不同。俄林认为,各国商品价格差异是国际贸易产生的直接原因,各国商品价格比例不同是国际贸易产生的必要条件。

4. 汇率又称外汇牌价或外汇行市，是两种货币之间的兑换比率，也可以说是以一种货币单位表示另一种货币的价格。汇率是买卖外汇的价格。根据折算货币的标准，汇率的标价方法可分为直接标价法和间接标价法。

5. 外汇是实现两国之间商品交换和债务清偿的工具。

6. 固定汇率制是指一国货币同他国货币的汇率基本固定，其波动限于一定的幅度之内。

7. 浮动汇率制是指一国不规定本国货币与他国货币的官方汇率，听任汇率由外汇市场的供求关系自发地决定。

8. 购买力平价理论的基本思想是：汇率由两国货币的购买力之比决定，汇率变化随货币购买力的变化而变化。

9. 国际收支是指一定时期内一国或地区的居民与非居民之间由于经济、政治、文化等多项往来而引起的全部国际经济交易系统的货币记录。

10. 直接标价法，又称应付标价法、欧式标价法，是以一定单位的外币为标准，折合成一定数量的本币来表示其汇率，即单位外币的本币价格。

11. 间接标价法，又称为应收标价法、美式标价法，是以一定单位的本币为标准，折算成一定数额的外国货币。

四、填空题

1. 绝对优势　专业化加工　交换

2. 比较优势　专业化　交换

3. 生产要素禀赋状况及不同产品的生产过程中所使用要素的比例　商品价格　价格比例

4. 兑换比率　商品交换　债务清偿

5. 直接标价法　间接标价法

6. 固定汇率制　浮动汇率制

7. 基本固定，其波动限于一定的幅度之内

8. 不规定本国货币与他国货币的官方汇率，听任汇率由外汇市场的供求关系自发地决定　自由浮动　管理浮动

9. 购买力　购买力

10. 国际收支　宏观经济状况　国内外利率差异

11. 复式记账　借方　贷方

12. 临时性不平衡　结构性不平衡　货币型不平衡　周期性不平衡　收入性不平衡

13. 不同　外汇市场　“挤出效应”

五、简答题

1. 在开放经济中，IS曲线更为陡峭，这表示当利息率下降时，产出增加的幅度变小。原因是：利息率下降时，投资会增加，从而使得收入增加，再通过乘数的作用，总需求也会进一步增加。在开放经济中，在增加的收入中有一部分要购买进口品，会使乘数变小。因此，当利息率下降时，产出增加的幅度变小。

2. 在固定汇率情况下，国际收支平衡的机制是货币供给量的变化。顺差导致面临本币升

值的压力,为了维持固定汇率,中央银行必须投放本币、回收外币。货币扩张一方面使利率下降,资本流出增加,顺差减少;另一方面使需求、收入、进口增加,顺差减少。这样,顺差逐渐趋于国际收支平衡。逆差则会导致货币收缩,以及进一步的调整,最后使逆差减少,趋于国际收支平衡。

3. 由于在开放经济中总需求一方加入了净出口,影响支出的因素增多了,利率上升不仅会减少投资,还会提高汇率(这是因为,本国利率上升,会吸引更多国外资金流入本国,从而增加对本国货币的需求,促使本国货币升值),从而减少净出口和总需求,因此开放经济条件下的IS曲线要更平坦,乘数作用也更小;此外,在开放经济中,收入增加会同时导致进口增加,致使国内支出增加的效应减小,因此开放经济条件下的IS曲线的斜率小于封闭经济条件下IS曲线的斜率。

4. 这主要是由于本国货币对外国货币的交换比价变化后,会影响两国的进出口商品及劳务的国内价格,从而影响到各自的进出口数量。当本国货币对外国货币升值,即本国货币汇率上升时,使外国的进口商品以本币表示的价格下降,有利于促进进口商品的销售,使进口增加;而对于本国商品出口而言,本币汇率上升则会使以外币表示的本国商品国外价格提高,贸易条件恶化,出口受阻。因此,本国货币升值会导致进口增加,出口减少;反之,本国货币贬值会导致出口增加,进口减少。正因为如此,可以通过调整汇率来调整一国的国际贸易状况。

5. 一个国家的国际收支平衡表从形式上看总是平衡的,而国际收支则经常出现不平衡的情况。根据国际收支平衡表的记账原则,资产与资金的变动情况总是从借贷两方面加以记录的,其数额相等,方向相反。根据国际收支平衡表的内容,除了实际发生的、自主性的收支业务的流量要在相应的经常收户及资本账户中记录外,另有一个平衡项目专门记录、调整经常账户、资本账户借贷余额不等的情况。此外,如果由于统计资料来源的不统一,或计价的不准确而造成的表中余额不等,还可以通过平衡账户中的“错差和遗漏”项目加以扎平,使之始终保持平衡。在经常账户中,当净出口大于资本净流入时出现国际收支顺差;而当净出口小于资本净流入时出现国际收支逆差。存在国际收支的顺差或逆差,都属于国际收支不平衡的情况,这种不平衡的情况是经常和必然的,比较而言,平衡的情况则是较偶然的。不平衡的情况可以通过调节性的业务来弥补其差额,并在平衡账户上得到相应的反映。比如当一国发生国际收支顺差时,就可以通过增加官方黄金、外汇储备,减少该国对外国的负债等方法来平衡;当发生了国际收支逆差时,又可以通过减少官方储备,或增加对外国的负债等方法来平衡。

六、计算题

1. (1) 由均衡产出方程:$Y=C+I+X-M$,得到:$Y=40+0.8Y+50+100-(0.2Y+30)$。

整理得到产品市场均衡产出:$Y=400$。

由贸易收支计算公式得到:$X-M=100-(0.2Y+30)=-10$。

(2) 在充分就业状态下,$Y=Y_f=500$,因此,贸易收支为:

$$X-M=100-(0.2Y_f+30)=-30$$

充分就业贸易收支小于0,意味着出现了贸易赤字。

2. (1) 由已知可以得到该国的IS及LM曲线分别为:

$$0.6Y=625-5r+0.5e\ ,M_s/P=0.9Y-2r=980$$

该国国内外均衡模型为:

$$\begin{cases}0.6Y = 625 - 5r + 0.5e \\ 980 = 0.9Y - 2r \\ r = r^* = 5\end{cases}$$

（其中，r^* 表示国际市场利率水平）

解方程组得到：

$$\begin{cases}Y = 1\ 100 \\ e = 120\end{cases}$$

由已知贸易收支函数得：$Z=175-0.2Y+0.5e=15$。

(2) 当货币供给再增加 90 时，名义货币供给由 980 增加到 1 071，因此，该国的国内外均衡模型为：

$$\begin{cases}0.6Y = 625 - 5r + 0.5e \\ 1\ 070 = 0.9Y - 2r \\ r = r^* = 5\end{cases}$$

解方程组得到：

$$\begin{cases}Y = 1\ 200 \\ e = 120\end{cases}$$

由已知贸易收支函数得：$Z=175-0.2Y+0.5e=55$。

(3) 本国价格上升为 1.25 时，该国的 IS、LM 模型分别为：

$$0.6Y=625-5r+0.4e, 980=0.9Y-2r$$

该国国内外均衡模型为：

$$\begin{cases}0.6Y = 625 - 5r + 0.4e \\ 980 = 0.9Y - 2r \\ r = r^* = 5\end{cases}$$

解方程组得到：

$$\begin{cases}Y = 1\ 200 \\ e = 120\end{cases}$$

贸易收支为：$Z=175-0.2Y+0.5e/1.25=15$。

七、阅读与思考

解题思路：本题考查对于汇率和汇率制度的理解，并要求结合中国实际进行分析。

解析：汇率是一个国家的货币折算成另一个国家货币的比率。汇率主要有两种标价方法。一种是直接标价法，它是用某一单位的外国货币作为标准，折算为一定数额的本国货币来表示的汇率。另一种是间接标价法，它是用某一单位的本国货币作为标准，折算为一定数额的外国货币来表示的汇率。汇率制度主要有固定汇率制和浮动汇率制两种。固定汇率制是指一国货币同他国货币的汇率基本固定，其波动限于在一定的幅度之内。浮动汇率制是指一国的中央银行不规定本国货币与他国货币的官方汇率，听任汇率由外汇市场的供求关系自发地决定。浮动汇率制又分为自由浮动与管理浮动，前者指中央银行对外汇市场不采取任何干预措施，汇率完全由外汇市场的供求力量自发地决定。后者指实行浮动汇率制的国家，对外汇市场进行各种形式的干预活动，主要是根据外汇市场的供求情况售出或购入外汇，以通过对外汇供求的影响来影响汇率。

自2005年7月21日起,我国开始实行以市场供求为基础、参考一篮子货币进行调节、有管理的浮动汇率制度。1994年以前,我国先后采取了固定汇率制度和双轨汇率制度。1994年汇率并轨以后,我国实行以市场供求为基础的、有管理的浮动汇率制度。企业和个人按规定向银行买卖外汇,银行进入银行间外汇市场进行交易,形成市场汇率。中央银行设定一定的汇率浮动范围,并通过调控市场来保持人民币汇率的稳定。

1997年以前,人民币汇率稳中有升,但此后由于亚洲金融危机爆发,为防止亚洲周边国家和地区货币轮番贬值使危机深化,中国主动收窄了人民币汇率浮动区间。

推进人民币汇率形成机制改革,是缓解对外贸易不平衡、扩大内需以及提升企业国际竞争力、提高对外开放水平的需要。近年来,我国经常项目和资本项目双顺差持续扩大,加剧了国际收支失衡。2005年6月末,我国外汇储备达到7 110亿美元。今年以来对外贸易顺差迅速扩大,贸易摩擦进一步加剧。适当调整人民币汇率水平,改革汇率形成机制,有利于贯彻以内需为主的经济可持续发展战略,优化资源配置;有利于增强货币政策的独立性,提高金融调控的主动性和有效性;有利于保持进出口基本平衡,改善贸易条件;有利于保持物价稳定,降低企业成本;有利于促使企业转变经营机制,增强自主创新能力,加快转变外贸增长方式,提高国际竞争力和抗风险能力;有利于优化利用外资结构,提高利用外资效果;有利于充分利用“两种资源”和“两个市场”,提高对外开放的水平。

这次人民币汇率形成机制改革的内容是,人民币汇率不再盯住单一美元,而是按照我国对外经济发展的实际情况,选择若干种主要货币,赋予相应的权重,组成一个货币篮子。同时,根据国内外经济金融形势,以市场供求为基础,参考一篮子货币计算人民币多边汇率指数的变化,对人民币汇率进行管理和调节,维护人民币汇率在合理均衡水平上的基本稳定。参考一篮子表明外币之间的汇率变化会影响人民币汇率,但参考一篮子不等于盯住一篮子货币,它还需要将市场供求关系作为另一重要依据,据此形成有管理的浮动汇率。

根据对汇率合理均衡水平的测算,人民币对美元即日升值2%,即1美元兑8.11元人民币。这一调整幅度主要是根据我国贸易顺差程度和结构调整的需要来确定的,同时也考虑到了国内企业进行结构调整的适应能力。

人民币汇率改革的总体目标是,建立健全以市场供求为基础的、有管理的浮动汇率体制,保持人民币汇率在合理、均衡水平上的基本稳定。首先,汇率形成机制改革后,人民币不再盯住任何一种单一货币,而是以市场供求为基础,参考一篮子汇率进行调节。国际市场主要货币汇率的相互变动,客观上减少了人民币汇率的波动性。其次,随着汇率等经济杠杆在资源配置中基础性作用的增强,外汇供求关系进一步理顺,国际收支调节机制逐步建立健全,国际收支会趋于基本平衡,为人民币汇率稳定奠定了坚实的经济基础。再次,积极协调好宏观经济政策,稳步推进各项改革,为人民币汇率稳定提供良好的政策环境。最后,努力提高调控水平,改进外汇管理,保持人民币汇率在合理、均衡水平上的基本稳定。人民币汇率改革必须坚持主动性、可控性和渐进性的原则。主动性,就是主要根据我国自身改革和发展的需要,决定汇率改革的方式、内容和时机。汇率改革要充分考虑对宏观经济稳定、经济增长和就业的影响。可控性,就是人民币汇率的变化要在宏观管理上能够控制得住,既要推进改革,又不能失去控制,避免出现金融市场动荡和大的经济波动。渐进性,就是根据市场变化,充分考虑各方面的承受能力,有步骤地推进改革。

第十章 宏观经济学流派

提 要

1. 自 20 世纪 30 年代以来，经济学说史发生了史无前例的、内容极为丰富的变革和发展。这一变革始于“凯恩斯革命”，由此而形成的凯恩斯经济学和凯恩斯主义在第二次世界大战后成为整个西方经济学的新主流，其理论观点和政策主张对资本主义国家经济的影响，远远超过这一时期的其他经济学流派。

2. 凯恩斯是现代经济学说史上最有影响力的经济学家之一。他的《就业、利息和货币通论》建立了现代宏观经济学的系统理论，是现代宏观经济学产生的标志。凯恩斯的经济理论内容主要包括：就业理论与“有效需求”原理、三个基本心理“规律”(边际消费倾向规律、资本边际效率规律、流动性偏好规律)、乘数理论和经济周期理论等。凯恩斯经济学说包括紧密相连的两部分内容，一是以有效需求原理为核心的理论；二是以国家干预为核心的一整套政策主张。凯恩斯主义经济学政策主张的出发点是国家干预经济，政策主张的重心是财政政策。对外经济政策坚持扩大对外商品输出和资本输出，扩大有效需求。

3. 美国经济学家萨缪尔森在 1948 年出版了教科书《经济学》，这标志着新古典综合学派正统地位的萌芽。所谓新古典综合，是指把凯恩斯的宏观经济管理理论与他以前的马歇尔或瓦尔拉斯的微观经济理论即所谓的新古典学派融合为一体，形成一种既有宏观又有微观的“现代经济学”体系。新古典综合派认为，要实现保证经济增长而又不至于导致通货膨胀的目标，不能单靠 20 世纪 60 年代以前所使用的那一套传统的经济增长的方法。他们建议采取多种经济政策来解决。在多种经济政策中，仍然包括 60 年代前期使用的通过减税、扩大政府开支和增加货币供给量来刺激投资的政策，也包括一些对财政政策和货币政策的补充措施，像收入政策、人力政策、浮动汇率政策、对外贸易管制和外汇管制政策、消费指导政策等。

4. 货币主义或货币学派发源于美国芝加哥大学，该校经济学教授米尔顿·弗里德曼是公认的货币主义的代表人物。自 20 世纪 50 年代后期，弗里德曼便打着对抗“凯恩斯主义”的旗号，提出“现代货币数量论”，重新强调货币政策的首要作用。与此同时，他还竭力反对凯恩斯提出的在布雷顿森林会议上决定实施的固定汇率制，主张通过市场的自由活动以实现自由汇率或浮动汇率。货币主义有两个基本理论：新货币数量论和自然率假说。货币主义在上述理论的基础上，形成了以下几个理论观点：(1) 货币供给对名义收入变动具有决定作用；(2) 通货膨胀归根到底是一种货币现象；(3) 在短期内，货币数量的变动影响就业量和实际国民收入；(4) 反对国家过多地干预经济，认为私人经济具有自身内在的稳定性。

5. 理性预期学派作为凯恩斯主义的一个对立学派，发端于 20 世纪 60 年代，形成于 70 年代，最早出现在美国。该学派的理论观点和政策主张与货币主义有着密切的联系，甚至是货币主义的引申和发展。美国经济学家穆思于 1961 年在美国《经济计量学》杂志上发表了《理性预期和价格变动理论》一文，首次提出“理性预期”的概念。理性预期学派的理论依赖于四个假说:(1) 个体经济利益最大化假说;(2) 市场出清假说;(3) 理性预期假说;(4) 自然率假说。理性预期学派提出政府干预只能引起经济的混乱。为保持经济稳定,唯一有效的办法就是尽量减少政府对经济的干预,充分发挥市场的调节作用。

6. 供给学派是 20 世纪 70 年代后期在美国兴起的又一个与凯恩斯主义相对立的经济学流派,其基本主张的提出者是罗伯特·蒙代尔。供给学派的主要观点有:(1) 否定凯恩斯主义,肯定萨伊定律;(2) 生产要素的投入和激励以及生产率的增长决定了产量增长;(3) 高税率阻碍经济增长。供给学派的政策主张主要包括:减税、削减社会福利支出、精减规章制度等。

7. 新凯恩斯主义经济学和新古典宏观经济学在政策主张上的分歧主要集中在是否赞成政府对经济的积极干预问题上。前者主张政府对经济干预,而后者则认为政府的经济干预政策往往是无效的,反对政府对经济的积极干预。新凯恩斯主义者认为,由于价格和工资存在粘性,经济在遭受到总需求的冲击后,从一个非充分就业的均衡状态恢复到充分就业的均衡状态是一个缓慢的过程。因此政府实施宏观经济政策是必要的,不能等待工资和价格水平自动恢复到充分就业的均衡状态,因为这是一个长期的痛苦的过程。新古典宏观经济学认为,宏观经济政策是无效的甚至是有害的。以卢卡斯为代表的货币经济周期理论,从不完全信息出发论证了货币政策的无效性命题。新一代的新古典宏观经济学家不满足于货币政策无效性的命题,他们将新古典主义宏观经济学的研究方法应用到财政政策分析上,得出了财政政策也无效的结论。

8. 经过 20 世纪下半页凯恩斯主义与货币主义的争论和新古典主义宏观经济学与新凯恩斯主义经济学的争论,宏观经济学家们在一定程度上逐渐接受了对立面的观点和方法,在一些问题上相对达成了某种共识,例如对菲利普斯曲线的看法,对预期基础的看法,对经济行为假定的看法等。当然,分歧还是存在的。不过西方宏观经济学流派间已经开始出现了融合的趋势。

9. 另外,还出现了宏观经济学与微观经济学的融合趋势。新古典宏观经济学家和新凯恩斯主义经济学家通常都是从微观基础出发来说明宏观经济问题的。这种研究视角的变化使得在 20 世纪 80 年代中期以来的西方经济学中,宏观经济学和微观经济学的界限变得越来越不明显。著名经济学家斯蒂格利茨在 1997 年出版的教科书《经济学》第 2 版序言中写道:“经济学界已经逐渐认识到宏观经济行为必须和其背后的微观经济学原理结合在一起,只有一套经济学原理,而不是两套。”

习　题

一、单选题

1. 以下(　　)观点不是货币主义的主要观点。
   A. 在长期中,货币数量不能影响就业量和实际国民收入
   B. 私人经济具有稳定性,国家经济政策会使它的稳定性遭到破坏
   C. 货币供给对名义收入具有决定性作用
   D. 在短期中,货币数量能影响就业量,但不影响实际国民收入

2. 货币主义坚持以(　　)作为货币政策的唯一控制指标。
   A. 利率
   B. 货币供给量
   C. 信贷流量
   D. 准备金
3. 根据卢卡斯的理性预期供给函数,一次预期的货币供给的增加将(　　)。
   A. 提高价格水平,而 GDP 并不变化
   B. 提高价格水平和 GDP
   C. 不会提高价格水平和 GDP
   D. GDP 会提高,而价格水平不会变化
4. 构成政策无效性命题的关键是(　　)。
   A. 信息是不完全的
   B. 预期是合乎理性的
   C. 价格和工资是有完全伸缩性的,预期是合乎理性的
   D. 价格和工资是有完全伸缩性的
5. 下列(　　)不是新古典宏观经济学的基本假设。
   A. 市场出清
   B. 价格刚性
   C. 自然率假说
   D. 理性预期
6. 卢卡斯供给曲线表示的是(　　)。
   A. GDP 和价格变动之间的正相关关系
   B. GDP 和未被预期的价格变动之间的正相关关系
   C. GDP 和预期的价格变动之间的正相关关系
   D. GDP 和未被预期的价格变动之间的负相关关系
7. 理性预期的总供给函数认为,只要中央银行公开宣称提高货币供应量增长率,则(　　)。
   A. 失业率和通货膨胀率都会上升
   B. 失业率和通货膨胀率都不会变
   C. 失业率下降,通货膨胀率不变
   D. 失业率不变,通货膨胀率上升
8. 在公债能否影响经济的问题上(　　)。
   A. 凯恩斯主义认为,公债的效果是中性的
   B. 新古典主义认为,公债的效果是中性的
   C. 凯恩斯主义认为,短期公债的效果是中性的,长期公债的效果是非中性的
   D. 新古典主义认为,短期公债的效果是中性的,长期公债的效果是非中性的
9. 新凯恩斯主义吸收了新古典学派的观点是(　　)。
   A. 市场出清
   B. 理性预期
   C. 自然率假说

D. 价格刚性

10. 下列(　　)是新凯恩斯主义。

A. 市场出清

B. 经济当事人的最大化原则

C. 理性预期

D. 价格刚性

11. 新凯恩斯主义认为,厂商对需求变动的反应是(　　)。

A. 改变价格

B. 改变产量

C. 既改变价格,又改变产量

D. 既不改变价格,又不改变产量

12. 新凯恩斯主义认为,劳动供过于求时(　　)。

A. 一方面会产生非自愿性失业,另一方面工资会降低

B. 工资会降低

C. 会产生非自愿性失业

D. 工资不会降低,非自愿性失业也不会产生

二、判断题

1. 凯恩斯主义和货币主义在经济分析中采用的均是适应性预期这种预期形式。(　　)

2. 适应性预期在理论的逻辑结构上符合经济分析的一个基本前提,即假定经济主体的行为是理性的,消费者是追求效用最大化、厂商是追求利润最大化的。(　　)

3. 理性预期意味着人的主观预测必定与客观实际是一致的。(　　)

4. 凯恩斯主义认为,公债的效果是非中性的。(　　)

5. 新古典宏观经济学的理论渊源是古典宏观经济学。(　　)

6. 新古典宏观经济学的基本假设是:个体利益最大化、自然失业率假说、市场出清和价格刚性。(　　)

7. 理性预期理论认为,在短期中,经济主体对某一经济变量的未来预期值与未来实际值是完全一致的。(　　)

8. 新凯恩斯主义对新古典宏观经济学的理性预期和个人利益最大化的基本假设是认同的。(　　)

9. 新凯恩斯主义认为,当总需求下降、市场疲软时,厂商的反应是降低产品卖价,降低工资水平。(　　)

10. 新凯恩斯主义认为经济萧条状态长时期的存在可以对自然失业率的数值造成永久性作用,从而会扩大长期失业大军的比例。(　　)

11. 货币主义认为,在短期中货币供给量不能影响就业量和国民收入,而长期中是可以的。(　　)

12. 货币主义反对凯恩斯主义的财政政策,但并不反对货币政策。(　　)

13. 按照市场出清假设,当劳动市场上出现超额供给时,会在一个相当长的时期内出现大量失业者。(　　)

三、名词解释

1. 供给学派
2. 货币主义
3. 萨伊定律
4. 理性预期

四、填空题

1. 凯恩斯的________建立了现代宏观经济学的系统理论，是现代宏观经济学产生的标志。

2. 凯恩斯的经济理论内容主要包括________与________、________、________和________等。

3. 在凯恩斯看来，充分就业状态是指没有________的状态。

4. 凯恩斯理论中的三个基本心理规律指的是________、________和________。

5. 凯恩斯以整个社会的经济运行为分析对象，因此，凯恩斯采取了一种新的分析方法，即________或________的方法。

6. 凯恩斯经济政策的核心内容是________。

7. 凯恩斯经济政策主张的重心是________。

8. 美国经济学家________在1948年出版了教科书《经济学》，标志着新古典综合派正统地位的萌芽。

9. 货币主义学派的两个基本理论是________和________。

10. 货币主义认为________对名义收入的变动具有决定作用。

11. 货币主义的经济政策是主张________，反对________。

12. 理性预期学派理论所依赖的四个假说是________、________、________、________。

13. 理性预期学派认为，为保持经济稳定，唯一有效的办法就是尽量减少________，充分发挥________。

14. ________被称为“供给学派的先驱者”。

15. 供给学派否定________，肯定________。

16. 供给学派认为，边际税率的高低和税收量的大小不一定按同一方向变化，甚至还有可能按相反方向变化。为此，供给学派用________来说明这一命题。

17. 供给学派的政策主张主要包括：________、________、________等。

18. 新古典宏观经济学和新凯恩斯主义经济学在解释经济波动方面的分歧在于，前者试图用实际因素从________方面解释宏观经济波动，后者则用货币因素从________方面解释宏观经济波动。

19. 新凯恩斯主义经济学和新古典宏观经济学在政策主张上的分歧主要集中在是否________问题上。

20. 新古典宏观经济学家和新凯恩斯主义经济学家通常都是从________出发来说明宏观经济问题的。

五、简答题

1. 理性预期假说的含义和特点是什么?
2. 评述货币主义的政策主张。
3. 新凯恩斯主义和凯恩斯主义在非市场出清假设问题上有什么差别?
4. 新古典宏观经济学与新凯恩斯主义经济学的主要分歧何在?
5. 为什么新凯恩斯主义坚持稳定经济的政策是必要的和有效的?

习题答案

一、单选题

1～5:DBCCB　　6～10:DBBBD　　11～12:BC

二、判断题

1. √
2. ×
3. ×
4. √
5. ×
6. ×
7. ×
8. √
9. ×
10. √
11. ×
12. √
13. ×

三、名词解释

1. 供给学派:供给学派是20世纪80年代初在美国兴起的西方经济学流派之一。主要代表人物有蒙德尔、费尔德斯坦、拉弗、罗伯茨、吉尔德等。该流派的理论特点是强调供给效应,反对凯恩斯需求管理政策。其主要理论观点是:(1) 否定凯恩斯有效需求理论,主张恢复萨伊定律;(2) 反对高额的边际税率,力主减税、增加供给;(3) 主张减少政府干预,减少政府财政支出,加强市场调节;(4) 认为应在刺激供给的同时,实行限制性货币政策。其政策主张是:(1) 减税;(2) 削减社会福利支出;(3) 稳定币值,恢复金本位制;(4) 减少政府的管制,让企业更好地按市场经济原则运行。

2. 货币主义:货币主义又称为货币学派,是20世纪50年代后期在美国出现的一个学派,弗里德曼是该学派的公认代表,此外还有英国的沃尔特斯、帕金和弗里希等。货币主义的基本命题是，货币最要紧，货币的推动力是说明产量、就业和价格变化的最主要因素；货币供给量的变动是货币推动力的最可靠的度量标准；货币当局的行为支配着货币量的变动，从而当通货膨胀、经济萧条或经济增长时都可以而且应当唯一地通过货币当局对货币来加以调节。货币主义的基本理论是新货币数量论和自然率假说。货币主义认为，货币数量是解释价格水平涨落的基本因素。货币主义否定凯恩斯主义财政政策的有效性，反对相机抉择的货币政策，主张单一货币规则。

3. 萨伊定律：萨伊定律又称"萨伊市场定律"。萨伊是 18 世纪末 19 世纪初法国著名的经济学家，他于 1803 年在《政治经济学概论》中提出了供给会自动创造需求的观点。他认为，商品的买卖实际上只是商品和商品的交换；在交换中，货币只是在一瞬间起了媒介作用，卖主得到了货币，马上又会购买商品，所以卖主同时也就是买主，供给者就是需求者。一种产品的生产给其他产品开辟了销路，供给会创造自己的需求，不论产量如何增加，产品都不会出现过剩，至多只有暂时的积压，社会上商品的总供给和总需求一定是相等的。这就是著名的萨伊定律。"萨伊定律"的根本错误是把资本流通和简单商品的流通相等同，又把简单商品的流通和物品之间的交易相等同，忽视了存在于简单商品流通和资本流通之间的各种矛盾冲突。

4. 理性预期：理性预期是指在有效地利用一切信息的前提下，对经济变量做出的在长期中平均来说最为准确的，而又与所使用的经济理论、模型相一致的预期。理性预期由约翰·穆思在其《合理预期和价格变动理论》一文中首先提出。实际上，理性预期包含以下三个含义：(1) 做出经济决策的经济主体是理性的。为了追求最大利益，他们总是力求对未来做出正确的预期。(2) 为了做出正确的预期，经济主体在做出预期时会力图得到有关的一切信息，其中包括对经济变量之间因果关系的系统了解和有关的资料与数据的收集。(3) 经济主体在预期时不会犯系统的错误。简言之，理性预期的意思是：在长期中，人们会准确地或趋向于预期到经济变量所应有的数值。

四、填空题

1.《就业、利息和货币通论》

2. 就业理论　"有效需求"原理　三个基本心理"规律"　乘数理论　经济周期理论

3. 非自愿失业

4. 边际消费倾向规律　资本边际效率规律　流动性偏好规律

5. 宏观分析　国民经济总量分析

6. 国家干预经济

7. 财政政策

8. 萨缪尔森

9. 新货币数量论　自然率假说

10. 货币供给

11. 自由放任　国家干预

12. 个体经济利益最大化假说　市场出清假说　理性预期假说　自然率假说

13. 政府干预　市场调节作用

14. 罗伯特·蒙代尔

15. 凯恩斯主义　萨伊定律

16. 拉弗曲线
17. 减税　削减社会福利支出　精减规章制度
18. 供给扰动　需求扰动
19. 政府对经济的积极干预
20. 微观基础

五、简答题

1. 理性预期这一概念原是约翰·穆思 1961 年在《理性预期与价格变动理论》中提出的。所谓理性预期就是假定,只要经济主体的预期是理性的,那么,在 $t-1$ 时期预测 t 时期的价格,将是根据已知和既定的市场结构信息,包括供求函数及其有关参数计算出来的均衡价格,这个均衡价格与 $t-1$ 时期价格的数学期望值是一致的,而后者则等于根据模型结构的有关知识计算出来的市场供求平衡时会有的成交价格。理性预期本质上与相关的经济理论的预测是一致的。

理性预期假说的特点:(1) 理性预期并不意味着人的主观预测必定与客观实际完全一致。它只是假定,人们根据 $t-1$ 时期获得的所有相关信息计算得出的数学期望值将是最好的预测,也就是说,经济主体在 $t-1$ 时期形成期预期时已没有任何可得信息可以系统地改善预期错误。(2) 由第一个特点可得理性预期假说的第二个特点。如果理性预期值与实际发生的数值不一致的话,那么这种预测误差只能来自于 $t-1$ 时期无法预知在 t 时期发生的随机干扰,所以预测误差只能是随机的不可改善的。(3) 由第二个特点也可以得出理性预期的第三个特点。随机干扰变量是序列不相关的,且中值为 0。

2. 弗里德曼赞同货币政策,反对财政政策。虽然如此,他却也反对斟酌使用的(根据情况变化而制定的)货币政策。反对的理由在于经济政策的滞后性质。弗里德曼认为,从发现经济制度中存在的问题,最终到针对问题而执行的政策全部产生效果之间存在着一系列的步骤,而其中每一个步骤都需要时间才能完成。现将这些步骤列举如下:

(1) 认识问题。了解经济制度中是否存在问题或存在什么样的问题,需要时间来进行观察和研究。

(2) 对策的制定与决定。一旦问题被识别以后,还需要时间来制定相应的政策。如果存在着各种可供选择的方案,还得在方案之间进行选择,并且在决策人之间还得取得大体一致的意见。

(3) 政策效果的实现。政策的效果不是马上全部显现的,而需要在一定时间之后才能发挥它的全部作用。

除了这些步骤之外,西方学者还列举出其他的步骤,它们被称为时间的滞后。究竟存在着多少滞后的步骤,每一步骤又需要多少时间,取决于具体的情况。弗里德曼认为,经济政策的时间滞后不但使它不能起到熨平宏观经济波动的作用,反而会造成加剧经济波动的后果。弗里德曼认为,如果任其自然发展,资本主义经济会出现波动的现象,但这种波动的幅度是轻微的。正确的经济政策虽然有可能起着熨平波动的作用,然而,由于政策的时间滞后,也会产生推波助澜的作用,使得宏观经济的运行更不稳定,权衡得失,他不赞成对宏观经济的运行进行微调,即反对执行斟酌使用的货币政策,因为这种政策弊大于利。

3. 新凯恩斯主义和凯恩斯主义都坚持非市场出清的假设,但两者的非市场出清理论存在着重大差别:第一,凯恩斯主义非市场出清模型假定名义工资刚性,即假定如凯恩斯所言,“劳工间有公开协定或默契,不愿接受较低工资而工作”,“劳工确实不愿意接受较低货币工资而工作,现行货币工资降低时,确实会引起罢工等现象”,“劳工们坚持不让货币工资降低”;而新凯恩斯主义非市场出清模型假定工资和价格都有粘性,即工资和价格不是不能调整,而是可以调整的,只是调整十分缓慢,需耗费相当时日。第二,凯恩斯主义非市场出清理论缺乏微观基础,没有阐明为什么价格和工资具有刚性;新凯恩斯主义模型则增加了凯恩斯主义模型所忽略的两个假定:经济当事人最大化原则和理性预期,使非市场出清理论有了微观基础,突破了原凯恩斯主义的理论框架。

4. 新古典宏观经济学和新凯恩斯主义经济学是目前西方宏观经济学中两个较有影响的理论流派。两者的主要分歧在于:(1) 在基本假设方面,新古典宏观经济学与新凯恩斯主义经济学最明显的分歧是,前者坚持市场出清假设,而后者则坚持非市场出清假设。(2) 在解释经济波动方面,新古典宏观经济学与新凯恩斯主义经济学的分歧是,前者试图用实际因素从供给扰动方面解释宏观经济波动,后者则用货币因素从需求扰动方面解释宏观经济波动。(3) 在政策主张上,新凯恩斯主义认为,由于价格和工资的粘性,经济在遭受到总需求冲击之后,从一个非充分就业的均衡状态恢复到充分就业均衡状态是一个缓慢的过程,因此刺激总需求是必要的。所以,为了避免较长时期的非充分就业持续出现,新凯恩斯主义的需求政策仍然是有效力的。新古典主义宏观经济学中一个不变的主题是反对政府干预。

5. 新凯恩斯主义认为,由于价格和工资的粘性,经济在遭受总需求冲击后(例如导致衰退),从一个非充分就业均衡状态恢复到充分就业的均衡状态,是一个缓慢的过程,因此,刺激需求是必要的,不能等待工资和价格的向下压力带来经济恢复,因为这将是一个长期的痛苦过程。正因为如此,新凯恩斯主义认为,稳定经济的政策不仅是必要的,也是有效果的。